Die Änderungen der Reichsabgabenordnung

durch die Verordnung vom 1. Dezember 1930 (RGBl. I S. 517).

Erläutert von

Dr. Albert Nieberl,
Oberregierungsrat in Schwerin i. M.

Zu Guttentagsche Sammlung
Deutscher Reichsgesetze Nr. 143, 2. Auflage.

Berlin und Leipzig 1931

Walter de Gruyter & Co.

vormals G. J. Göschen'sche Verlagshandlung — J. Guttentag, Verlagsbuchhandlung — Georg Reimer — Karl J. Trübner — Veit & Comp.

Inhalt.

Vorbemerkung.

Die durch die Verordnung vom 1. 12. 30 eingetretenen Veränderungen der AO. sind umfangreich. Wichtige Teile gelten bereits, die meisten Änderungen werden erst später in Kraft treten. Es ist für jeden mit Steuersachen Befaßten notwendig, sofort und weiterhin bis zum Erscheinen umfassender Neukommentierungen ein Hilfsmittel zu haben, das den Weitergebrauch aller bereits vorhandenen Kommentare und ein Sichzurechtfinden in den Neuerungen ermöglicht. Ein solches Hilfsmittel zu sein, ist der Zweck dieser Schrift. Die Voranstellung einer tabellarischen Übersicht nimmt hierauf besonders Rücksicht. Sie läßt leicht ersehen, welche Vorschriften unverändert geblieben, welche geändert oder neu sind und von wann ab die Änderungen gelten.

Erläutert sind in der Hauptsache die jetzt schon geltenden Neuerungen, die erst später geltenden insoweit, als es zum Verständnis des Ganzen erforderlich ist. Das hat den Zweck, den Umfang der Schrift knapp und den Preis niedrig zu halten.

Tabellarische Übersicht

über die durch die Verordnung vom 1. Dezember 1930 (RGBl. I S. 517) geänderten und neu hinzugekommenen Vorschriften der Reichsabgabenordnung.

Gebrauch: Spalte G durchsehen, die die Paragraphen in der alten Nummernfolge enthält*). Die hier nicht genannten Vorschriften gelten unverändert weiter. Die Ausfüllung der Spalte N neben der Spalte G zeigt an, daß die betreffenden Vorschriften mit Wirkung vom 1. 1. 31 an geändert oder gestrichen sind. Bei Ausfüllung der Spalte S gilt die Änderung oder Streichung erst vom 1. 4. 32 an, soweit sich nicht aus den §§ 3—5 des „Gesamtplans" (unten S. 116) ein anderer Geltungszeitpunkt ergibt.

Die Lücken (Striche) in Spalte G zeigen an, daß an diesen Stellen neue Vorschriften eingeschoben worden sind, deren Geltungszeitpunkt sich gleichfalls nach ihrer Stellung in Spalte N oder S bestimmt.

N (neu)	G (geändert)	S (später)
—	1—3	1—3e
—	—	6a
—	7	7
—	8 I	8 I
—	—	8a—c

*) Die römischen Ziffern neben den Paragraphen bezeichnen die Absätze.

Zum Zwecke der Benutzbarkeit der Tabelle in Verbindung mit der 2. Auflage des Erläuterungsbuchs der AO. von Nieberl sind die vom Erscheinen dieser Auflage bis zum 30. 11. 30 eingetretenen Änderungen der AO. unten im Anhang unter I abgedruckt.

N	G	S
10	10	—
10a	—	—
—	14—16	14—16
—	18—20	gestrichen
—	22	22, 22a
—	23a	23a
—	25—30	25—30g
—	32	32
38 III, 39 I	38 III, 39 I	—
46	46	—
—	49	49
—	51—60	51—58
—	—	62 III
76	76	—
82a	82a	—
—	—	96 II
—	—	102a
—	103	103*)
103a	—	—
—	—	104a
—	—	104b (bish. 106)
105 I**)	105 I	—
—	105 II, 106	gestrichen
—	108	108
—	120	120*)
—	137—161	gestrichen
—	—	161a, b
—	162 I	162 I
—	163, 164	gestrichen
—	168 I***)	168 I
—	170	170

*) Änderung besteht in Streichung der Worte: „des Reichs".

**) Änderung besteht in Setzung von: „Verbrauchsteuern" statt „Verbrauchsabgaben".

***) Vom 1. 1. 31 an „Verbrauchsteuern" statt „V.-Abgaben".

N	G	S
191 III	—	—
196	196	—
199 a (bish. 366)	—	—
201 a	—	—
gestrichen	205 III	—
—	210	210—210 i
211a (bish.220 I)	—	—
212, 212 a, 213	212, 213	—
—	—	214 a
—	215	215
216 *)	216	—
—	217 **)	217
gestr. (jetzt 211 a)	220 I	—
—	220 II	gestrichen
—	221	221, 221 a
—	—	222 a
223	223	—
224	224	—
—	—	225 a, b
228 III	228 III	—
—	234 I	234 I
—	—	234 a
gestrichen	243	—
—	244	244, 244 a
—	245	245—245 b
245 c, d	—	—
—	246	246
—	248	248
—	250 II	250 II
251 II	251 II	—
—	260 I	260 I
—	265	265
265 a	—	—

*) Änderung besteht in Streichung von „205 III“.

**) Vom 1. 1. 31 an „Verbrauchsteuern“ statt „V.-Abgaben“.

N	G	S
275a	—	—
—	276	276
284 S. 3	—	—
285—297e	285—297	—
351*), 352*)	351, 352	—
354a—i	—	—
359**)	359	—
360 III	—	—
gestr. (jetzt 199a)	366	—
376 I	376 I	—
—	377 I	377 I
gestrichen	439 II	—
gestrichen***)	440	—
—	444—463	444—455

*) Änderung besteht in Setzung des Wortes „Berufung" statt „Beschwerde".

**) Änderung besteht in Setzung des Wortes „Verbrauchsteuern" statt „Verbrauchsabgaben".

***) Gerichtlich erkannte Geldstrafen fließen also künftig den Ländern zu.

Die geänderten und neuen Vorschriften der Reichsabgabenordnung nebst Erläuterungen.

Einleitende Vorschriften.

Erster Abschnitt: Grundbegriffe.

§ 1. (1) Steuern[1] sind einmalige oder laufende Geldleistungen, die nicht eine Gegenleistung für eine besondere Leistung darstellen und von einem öffentlich-rechtlichen Gemeinwesen zur Erzielung von Einkünften allen auferlegt werden, bei denen der Tatbestand zutrifft, an den das Gesetz die Leistungspflicht knüpft. Zölle fallen darunter; nicht darunter fallen Gebühren für besondere Inanspruchnahme der Verwaltung und Beiträge (Vorzugslasten).

(2)[2] Reichssteuern sind die Steuern, die ganz oder zum Teil zugunsten des Reichs erhoben werden, ferner die Grunderwerbsteuer und die Kraftfahrzeugsteuer (einschließlich der Zuschläge zu diesen Steuern), die Rennwettsteuer und die Mineralwassersteuer.

(3)[3] Realsteuern sind die Grundsteuer und die Gewerbesteuer (Steuer vom stehenden Gewerbe)[4], auch soweit diese Steuern Einheitssteuern[5] sind.

[1] Künftig strenge Unterscheidung zwischen „Abgaben" und Steuern i. eng. S. „Abgabe" ist der weitere Begriff. Er umfaßt neben den Steuern auch z. B. den sog. Branntweinaufschlag, die Hektolitereinnahme nach § 84 BrMonGes., Beiträge der Land-

wirtschafts-, Handels-, Handwerkskammern, die Unfallversicherungsbeiträge der Berufsgenossenschaften (s. EntwBegr.).

[2] Der frühere Abs. 2 ist nun verändert in den besonderen Abschnitt „Anwendungsgebiet der Reichsabgabenordnung" übernommen (§§ 3—3e).

[3] Die im bisherigen Abs. 3 enthaltene Vorschrift über den Rechtszustand bei Konkurrenz der AO. mit anderen Steuergesetzen ist nun in etwas veränderter Form in § 444 übernommen.

[4] Wandergewerbesteuer und Wanderlagersteuer sind keine „Realsteuern".

[5] Hier wird zum erstenmal der Begriff „Einheitssteuer" verwendet. Einheitssteuer wird eine Steuer dann genannt, wenn mit einer Abgabe gleichzeitig mehrere der Art nach verschiedene Steuerforderungen abgegolten werden, z. B. Einkommensteuer zusammen mit Grundsteuer, Gewerbesteuer oder Vermögensteuer (Gesamtplan § 1 Nr. 2a, s. unten S. 114).

§ 2[1]. (1) Gesetz im Sinne der Reichsabgabenordnung ist jede Rechtsnorm.

(2) Steuergesetze im Sinne der Reichsabgabenordnung sind

1. die Reichsabgabenordnung,
2. das Reichsbewertungsgesetz,
3. die steuerlichen Vorschriften des Finanzausgleichsgesetzes[2],
4. die Gesetze, die die einzelnen Steuern, für deren Verwaltung die Reichsabgabenordnung gilt, regeln oder sichern.

[1] In § 2 sind die früheren §§ 2, 3 in etwas veränderter Form zusammengefaßt.

[2] Das sind nach EntwBegr. diejenigen Vorschriften des FAG., die das Verhältnis des Steuergläubigers zum Steuerschuldner berühren und deren Verletzung der Steuerschuldner gegebenenfalls rügen kann. Steuerliche Vorschriften sind z. B. §§ 19 Abs. 2, 21 Abs. 3, dagegen nicht §§ 19 Abs. 1, 21 Abs. 1, 2 FAG.

Zweiter Abschnitt: Anwendungsgebiet der Reichsabgabenordnung.

§ 3. (1) Die Reichsabgabenordnung gilt für die Reichssteuern.

(2) Die Vorschriften der Reichsabgabenordnung über das Strafverfahren gelten auch für das Vergehen des Bannbruchs im Sinne des Vereinszollgesetzes.

§ 3a. (1) Für die Realsteuern[1] gelten, soweit diese Steuern von Finanzämtern und Landesfinanzämtern verwaltet werden, die Vorschriften der Reichsabgabenordnung[2].

(2) § 108 Abs. 1 Satz 2 Halbsatz 1 und die Vorschriften über die Haftung gelten für die Realsteuern sinngemäß auch insoweit, als die Steuern nicht von Finanzämtern und Landesfinanzämtern verwaltet werden.

[1] Für die Verwaltung anderer Landessteuern gelten auch weiterhin die landesrechtlichen Verfahrensvorschriften, wenn nicht durch Landesgesetz die AO. für anwendbar erklärt ist.

[2] Geltung nunmehr kraft Reichsrechts, bisher nur kraft besonderer landesgesetzlicher Bestimmungen. Die Geltung erstreckt sich ohne weiteres auf alle bestehenden und künftig ergehenden Neben- und Ergänzungsvorschriften der AO. (z. B. BeitrO., StundO.). Eine der wichtigsten Folgen ist Festlegung des einheitlichen Instanzenzugs: FA., FG., RFH. §§ 14 Abs. 3 und 32 Abs. 4 dienen nur der Klarstellung (so EntwBegr.).

Von Reichsbehörden erkannte Geldstrafen in Landessteuersachen fließen in die Reichskasse! (So EntwBegr. unter Hinweis auf den unverändert gebliebenen § 425.)

Die Landeszentralbehörden haben die ihnen an Stelle des RFM. zugewiesenen Aufgaben in Landessteuersachen (§ 8b) entsprechend § 3a Abs. 1 nach den Vorschriften der AO. zu erfüllen.

Eine einzige Ausnahme vom Grundsatz des Abs. 1 bildet § 451 für die Regelung des Instanzenzugs gegen Festsetzung der Steuerbeträge bei den Realsteuern (nicht aber der BestGrundl. und des St.Meßbetr.).

§ 3b. Für diejenigen Verkehrsteuern der Länder, bei denen die Steuerpflicht an eine Beurkundung geknüpft ist (Landesstempelsteuern), gelten die Vorschriften der Reichsabgabenordnung über die örtliche Zuständigkeit, die Beitreibung und das Strafverfahren (§ 56 Nr. 4, §§ 58, 61, 298 bis 346, §§ 354, 385 bis 420, §§ 422, 423, 424 Abs. 1, §§ 426 bis 432, §§ 434, 435, 437 bis 442) insoweit, als die Steuern von Finanzämtern und Landesfinanzämtern verwaltet werden[1].

[1] Folge für das Strafverfahren: Außerkrafttreten der einschlägigen Vorschriften der StPO. (hierüber s. § 445).

§ 3c. Für andere als die in den §§ 3a, 3b bezeichneten Steuern der Länder, der Gemeinden und der Gemeindeverbände sowie für die Steuern der Religionsgesellschaften des öffentlichen Rechtes gelten die Vorschriften der Reichsabgabenordnung über die Erhebung und die Beitreibung (§§ 102, 102a, 298 bis 346, § 354) insoweit, als die Steuern von Finanzämtern erhoben und beigetrieben werden.

§ 3d. Für diejenigen öffentlich-rechtlichen Abgaben, die unter die Vorschrift des § 8a Nr. 5 Satz 1 fallen, gelten, soweit die Abgaben von Finanzämtern und Landesfinanzämtern verwaltet werden, die Vorschriften der Reichsabgabenordnung sinngemäß mit der Maßgabe, daß gegen Verfügungen des Finanzamts lediglich die Beschwerde an das Landesfinanzamt, gegen Beschwerdeentscheidungen und sonstige Verfügungen des Landesfinanzamts ein Rechtsmittel nicht gegeben ist.

§ 3e. (1) Die im § 1 Abs. 1 enthaltenen Begriffsbestimmungen sowie die Vorschriften über das Steuergeheimnis (§§ 10, 376) und die Ersatzpflicht (§ 10a) gelten für alle Steuern des Reichs, der Länder, der Gemeinden, der Gemeindeverbände und der Religionsgesellschaften des öffentlichen Rechtes.

(2) Die Vorschriften der Reichsabgabenordnung über das gerichtliche Verfahren in Steuerstrafsachen (§§ 426 bis 432, §§ 434, 435, 437 bis 442) gelten, soweit sie nach §§ 3 bis 3b nicht unmittelbare Anwendung finden, sinngemäß für alle öffentlich-rechtlichen Abgaben[1].

[1] In Zusammenhang damit steht die Aufhebung verschiedener strafprozessualer Vorschriften durch § 445.

Dritter Abschnitt: Steuerrechtliche Grundsätze.

Bisherige §§ 4 bis 6.

Vierter Abschnitt: Durchführung der Steuergesetze.

§ 6a. Zu den vom Reiche erlassenen Steuergesetzen werden die Durchführungsbestimmungen, die Ausführungsbestimmungen und die zur Überleitung der Gesetzgebung und der Behördenorganisation erforderlichen Rechtsverordnungen vom Reichsminister der Finanzen erlassen. Er bedarf hierzu, soweit nichts anderes bestimmt ist, der Zustimmung des Reichsrats.

§ 7. Die Reichsregierung kann mit Zustimmung des Reichsrats Vorschriften über die Gewährung von Rechtshilfe an ausländische Steuerbehörden erlassen und zur Ausgleichung der in- und ausländischen Besteuerung oder zur Anwendung eines Vergeltungsrechts die Steuerpflicht abweichend von den Gesetzen über die Reichssteuern und von den reichsrechtlichen Vorschriften über die Realsteuern regeln.

Erster Teil: Behörden.

Erster Abschnitt: Allgemeine Vorschriften.

§ 8. (1) Die Reichssteuern werden von Reichsbehörden verwaltet (Finanzbehörden).

Abs. 2 wie bisher.

§ 8a. Außer der Verwaltung der Reichssteuern liegen die folgenden Verwaltungsgeschäfte den Finanzämtern und Landesfinanzämtern ob:

1. Die Feststellung und Zerlegung der Besteuerungsgrundlagen bei der Grundsteuer, ferner die Festsetzung und Zerlegung der Steuermeßbeträge bei der Gewerbesteuer; eingeschlossen sind die Vorbereitung, die Nachprüfung, die Steueraufsicht, das Rechtsmittelverfahren und das Strafverfahren.
2. Sonstige (nicht unter Nr. 1 fallende) Verwaltungsgeschäfte auf dem Gebiete der Realsteuern sowie Verwaltungsgeschäfte auf dem Gebiete der Landesstempelsteuern und anderer Steuern der Länder, soweit der Reichsminister der Finanzen die Verwaltungsgeschäfte den Finanzämtern und den Landesfinanzämtern überträgt. Dies kann nur auf Antrag der Landesregierung geschehen. Der Reichsminister der Finanzen ist verpflichtet, dem Antrag zu entsprechen.
3. Die Verwaltung anderer (nicht unter Nr. 1, 2 fallender) Steuern der Gemeinden und Gemeindeverbände, soweit der Reichsminister der Finanzen den Finanzämtern und Landesfinanzämtern die

Verwaltung überträgt. Dies kann nur auf Antrag der Landesregierung geschehen. Der Reichsminister der Finanzen ist nicht verpflichtet, dem Antrag zu entsprechen.

4. Die Verwaltung der Steuern der Religionsgesellschaften des öffentlichen Rechtes, soweit der Reichsminister der Finanzen die Verwaltung dieser Steuern den Finanzämtern und Landesfinanzämtern überträgt. Auf Antrag der zuständigen Stelle muß dies insoweit geschehen, als die Abgaben sich an die nach §§ 210b, 210c gesondert festzustellenden Besteuerungsgrundlagen, an das einkommensteuerpflichtige oder körperschaftsteuerpflichtige Einkommen, an das vermögensteuerpflichtige Vermögen, an die Einkommensteuer, an die Körperschaftsteuer, an die Vermögensteuer, an die Steuermeßbeträge für die Gewerbesteuer oder (soweit die Festsetzung der Realsteuern oder die Festsetzung der Steuer vom Gewerbebetrieb im Umherziehen den Finanzämtern obliegt) an die Realsteuern oder an die Steuer vom Gewerbebetrieb im Umherziehen anschließen; im übrigen kann es auf Antrag der zuständigen Stelle geschehen. Der Umfang der den Finanzämtern und Landesfinanzämtern obliegenden Verwaltungsgeschäfte bestimmt sich nach Richtlinien, die der Reichsminister der Finanzen im Einvernehmen mit der Landesregierung und nach Anhörung der beteiligten Körperschaften des öffentlichen Rechtes aufstellt; kommt eine Einigung nicht zustande, so entscheidet der Reichsminister der Finanzen mit Zustimmung des Reichsrats.

5[1]. Die Verwaltung sonstiger (nicht unter Nr. 1

bis 4 fallender) öffentlich-rechtlicher Abgaben, soweit der Reichsminister der Finanzen die Verwaltung dieser Abgaben den Finanzämtern und Landesfinanzämtern überträgt. Die Vorschriften der Nr. 4 Sätze 2 und 3 finden Anwendung.

6[1]. Die Mitteilung von Besteuerungsgrundlagen, Steuermeßbeträgen und Steuerbeträgen an Körperschaften des öffentlichen Rechtes, soweit der Reichsminister der Finanzen die Finanzämter und Landesfinanzämter zu derartigen Mitteilungen anweist. Auf Antrag der zuständigen Stelle muß dies insoweit geschehen, als die öffentlich-rechtlichen Körperschaften zur Festsetzung öffentlich-rechtlicher Abgaben der Besteuerungsgrundlagen, Steuermeßbeträge oder Steuerbeträge bedürfen und für die öffentlich-rechtlichen Abgaben die Voraussetzungen vorliegen, unter denen nach Nr. 4 Satz 2 oder nach Nr. 5 Satz 2 verlangt werden kann, daß die Festsetzung der Abgaben den Finanzämtern und Landesfinanzämtern übertragen wird. Die Vorschriften der Nr. 4 Satz 3 finden Anwendung.

[1] Abs. 5, 6 beziehen sich hauptsächlich auf die von öffentlich-rechtlichen Körperschaften (z. B. Ärztekammern usw.) erhobenen Beiträge. Hiernach kann nach EntwBegr. eine öffentlich-rechtliche Körperschaft die Mitwirkung der Reichssteuerbehörden bei der Beitragserhebung insoweit verlangen, als die Abgaben sich entweder an die Besteuerungsgrundlagen der §§ 210b, c oder an das steuerpflichtige (körperschaftsteuerpflichtige) Einkommen, an das steuerpflichtige Vermögen, an die Einkommen- und Vermögensteuer, an die Steuermeßbeträge oder die Wandergewerbesteuer anschließen. Dabei hat die öffentlich-rechtliche Körperschaft die Wahl, ob sie die Abgabe durch die FA. verwalten lassen oder selbst verwalten und sich zu letzterem Zweck die erforderlichen Grundlagen vom FA. mitteilen lassen will. Für den Umfang der von

den Reichssteuerbehörden hierbei zu erfüllenden Aufgaben gilt § 8a Nr. 4 Satz 3.

§ 8b. (1) In den Fällen des § 8a steht die oberste Sachleitung den obersten Landesbehörden zu.

(2) Zur obersten Sachleitung gehören weder Maßnahmen der Personalleitung noch organisatorische Maßnahmen.

(3) Soweit zur Herbeiführung einer einheitlichen Verwaltungsübung allgemeine Verwaltungsanordnungen (allgemeine Verfügungen) zulässig sind, ist für die Verwaltungsanordnungen, soweit es sich um die Anwendung von Vorschriften des Reichsrechts handelt, der Reichsminister der Finanzen, soweit es sich dagegen um die Anwendung von Vorschriften des Landesrechts handelt, die oberste Landesbehörde zuständig.

(4) Weisungen an die Finanzämter erteilen die obersten Landesbehörden durch die Präsidenten der Landesfinanzämter. In dringenden Fällen können die obersten Landesbehörden Weisungen an die Finanzämter unmittelbar erteilen; hiervon ist gleichzeitig dem Präsidenten des Landesfinanzamts Kenntnis zu geben.

(5) Die obersten Landesbehörden sind berechtigt, die Verwaltung der Realsteuern und der anderen Steuern der Länder bei den Finanzämtern und Landesfinanzämtern nachprüfen zu lassen. Nachprüfungen bei den Landesfinanzämtern dürfen nur durch Beamte der obersten Landesbehörden (einschließlich des Rechnungshofs oder der Oberrechnungskammer des Landes), Nachprüfungen bei den Finanzämtern nur durch Beamte der obersten Landesbehörden oder durch Beamte einer Landesmittelbehörde vorgenommen werden[1]. Die Nachprüfungen werden mit den Geschäfts-

prüfungen verbunden, die der Reichsminister der Finanzen oder der Präsident des Landesfinanzamts bei den Finanzämtern und Landesfinanzämtern vornehmen läßt. Die obersten Landesbehörden sind jedoch berechtigt, Nachprüfungen der im Satz 1 bezeichneten Art auch außerhalb der vom Reichsminister der Finanzen oder vom Präsidenten des Landesfinanzamts ausgehenden Geschäftsprüfungen vorzunehmen; in diesem Falle wird bei der Wahl des Zeitpunkts der Nachprüfung auf die Geschäftslage der zu prüfenden Behörde Rücksicht genommen, und es wird vor Beginn der Nachprüfung eines Finanzamts der Präsident des Landesfinanzamts, vor Beginn der Nachprüfung eines Landesfinanzamts der Reichsminister der Finanzen benachrichtigt; der Reichsminister der Finanzen und der Präsident des Landesfinanzamts können Reichsbeamte abordnen, die an den von den obersten Landesbehörden ausgehenden Nachprüfungen teilnehmen.

(6) Der Abgabenberechtigte (Land, Gemeinde, Gemeindeverband, Religionsgesellschaft oder sonstige Körperschaft des öffentlichen Rechts) kann über seine vom Finanzamt verwalteten öffentlichen Abgaben Auskunft (und zwar grundsätzlich nicht schriftliche Auskunft sondern mündliche Auskunft) verlangen.

[1] Der Beamte muß aber in jedem Falle unmittelbar von der Zentralbehörde abgeordnet sein. Eine Übertragung der Prüfungsbefugnis an eine Landesmittelbehörde ist unzulässig.

§ 8c. In den Fällen des § 8a werden die Kosten der Verwaltung:

1. Vom Reich getragen:
soweit die Realsteuern, die Landesstempelsteuern und die anderen Steuern der Länder von den Finanzämtern und Landesfinanzämtern verwaltet

werden. Soweit Behörden oder Beamte der Länder, Gemeinden oder Gemeindeverbände oder soweit Personen mitwirken, die für ein Land, eine Gemeinde oder einen Gemeindeverband ehrenamtlich tätig sind, fallen die Kosten dem Lande, der Gemeinde oder dem Gemeindeverband zur Last. Abdrucke seiner Gesetze, Verordnungen und allgemeinen Verwaltungsanordnungen stellt das Land, die Gemeinde oder der Gemeindeverband in der erforderlichen Anzahl unentgeltlich zur Verfügung. Das Land trägt die Kosten, die durch die Beschaffung und den Vertrieb von Steuerzeichen (Stempelmarken) entstehen.

2. Dem Reich vergütet:

a) soweit den Finanzämtern und Landesfinanzämtern Verwaltungsgeschäfte obliegen, deren Übertragung der Reichsminister der Finanzen nach § 8a Nr. 4 bis 6 nicht ablehnen kann:

nach Maßgabe von Entschädigungsgrundsätzen, die der Reichsminister der Finanzen mit Zustimmung des Reichsrats aufstellt;

b) im übrigen (soweit weder Nr. 1 noch Nr. 2a Platz greift):

nach Maßgabe der Vereinbarungen, die bei der Übernahme der Verwaltung zwischen dem Reichsminister der Finanzen und der beteiligten Landesregierung oder der sonst beteiligten Stelle getroffen werden.

§ 10. (1) Das Steuergeheimnis ist unverletzlich.

(2) Einer Verletzung des Steuergeheimnisses macht sich schuldig:

1. wer Verhältnisse eines Steuerpflichtigen, die ihm als Amtsträger oder amtlich zugezogenem Sach-

verständigen im Besteuerungsverfahren[1] oder im Steuerstrafverfahren bekanntgeworden sind, oder den Inhalt von Verhandlungen[2] in Steuersachen, an denen er als Amtsträger oder als amtlich zugezogener Sachverständiger beteiligt war, unbefugt offenbart;

2. wer ein Geschäfts- oder Betriebsgeheimnis, das ihm als Amtsträger oder amtlich zugezogenem Sachverständigen im Besteuerungsverfahren oder im Steuerstrafverfahren anvertraut worden oder zugänglich geworden ist, unbefugt verwertet.

(3) Amtsträger im Sinne des Abs. 2 ist jeder, der bestellt ist, ein öffentliches Amt auszuüben[3]. Für Träger von Ämtern der Religionsgesellschaften des öffentlichen Rechtes gelten die Vorschriften des Abs. 2 entsprechend.

Hauptzweck der Neufassung des Paragraphen ist nach EntwBegr. die Einbeziehung der Gemeindevertreter in die Schweigepflicht (bisher in § 23a Abs. 2 geregelt) und die Festlegung des Inhalts des Steuergeheimnisses im Anschluß an § 143 des Entwurfs eines Allgemeinen Deutschen Strafgesetzbuches.

[1] Besteuerungsverfahren ist im weitesten Sinne aufzufassen, einschließlich Steueraufsicht und Prüfungswesen.

[2] Darunter fällt z. B. auch die Ausplauderung von Abstimmungsergebnissen oder von Stellungnahmen einzelner Ausschußmitglieder (einschließlich des Ausplaudernden).

[3] Hierher gehören außer den Beamten des Reichs, der Länder und Gemeinden auch die auf Privatdienstvertrag Angestellten sowie die ehrenamtlich für die Reichsfinanzverwaltung tätigen Personen.

Zu § 12 RBeamtG. erging AusfAnw. vom 6. 10. 22 (Amtsblatt S. 383) in Fassung vom 15. 7. 24 (Amtsblatt S. 65). Hiernach hat der Finanzamtsvorsteher, wenn er Bedenken trägt, einen Beamten von der Schweigepflicht zu entbinden, die Weisung des LFA. einzuholen.

§ 10a. Wird infolge einer Amts- oder Dienstpflichtverletzung eines im Dienste des Reichs, eines Landes, einer Gemeinde, eines Gemeindeverbandes oder einer Religionsgesellschaft des öffentlichen Rechtes stehenden Amtsträgers (§ 10 Abs. 3 Satz 1, 2)[1] oder Angestellten eine Steuer zu niedrig oder zu spät festgesetzt, erhoben oder beigetrieben oder eine Steuerbeteiligung zu niedrig oder zu spät festgesetzt, so kann eine Körperschaft des öffentlichen Rechtes, für deren Rechnung die Steuer erhoben wird oder die an dem Aufkommen aus der Steuer beteiligt ist, wegen der Amts- oder Dienstpflichtverletzung Schadensersatz nur dann verlangen, wenn die Amts- oder Dienstpflichtverletzung mit einer im Wege des gerichtlichen Strafverfahrens zu verhängenden öffentlichen Strafe bedroht ist[2]. Die Ersatzpflicht tritt nicht ein, wenn die Körperschaft vorsätzlich oder fahrlässig unterlassen hat, den Schaden durch Gebrauch eines Rechtsmittels abzuwenden.

§ 10a regelt zufolge EntwBegr. nicht nur die Frage der Schadensersatzansprüche der Länder und Gemeinden gegen das Reich, sondern auch des Reichs, der Länder und Gemeinden gegen die von ihnen mit der Verwaltung von Steuern betrauten Amtsträger. Zuständig sind die ordentlichen Gerichte.

Ist der Schaden durch einen Reichsbeamten verursacht, so trifft die Ersatzpflicht das Reich. Ist er durch einen Angestellten verursacht, so trifft (immer die Bedingungen des § 10a vorausgesetzt) die Ersatzpflicht den Angestellten, das Reich nur, wenn § 831 BGB. zutrifft.

Für Schadensersatzansprüche von Privatpersonen gilt nicht § 10a, sondern die sonstigen bürgerlich-rechtlichen Bestimmungen und Art. 131 RVerf.

[1] Nicht hierher gehören die ehrenamtlich für die Reichsfinanzverwaltung tätigen Personen, da diese nicht im Dienste des Reichs stehen (so EntwBegr.).

[2] Z. B. Unterschlagung, sonstige Verbrechen oder Vergehen im Amte. Disziplinarverstöße (§ 10 RBeamtGes.) genügen nicht.

§ 14. (1) Zur Entscheidung über das Rechtsmittel der Berufung sind den Landesfinanzämtern Finanzgerichte angegliedert.

(2) Die Finanzgerichte sind Spruchbehörden in Reichssteuersachen.

(3) Für die Realsteuern sind die Finanzgerichte Spruchbehörden insoweit, als die Steuern von Finanzämtern und Landesfinanzämtern verwaltet werden. Im übrigen kann auf Antrag einer Landesregierung der Reichsminister der Finanzen die Finanzgerichte als Spruchbehörden für Steuern der Länder, der Gemeinden, der Gemeindeverbände und der Religionsgesellschaften[1] des öffentlichen Rechtes bestellen.

(4) Das Reich erhält keine Vergütung dafür, daß nach Maßgabe des Abs. 3 die Finanzgerichte Spruchbehörden für Steuern der Länder, der Gemeinden, der Gemeindeverbände und der Religionsgesellschaften des öffentlichen Rechtes sind. Rechtsmittelgebühren, die für das Verfahren vor dem Finanzgerichte zu zahlen, und Auslagen, die dem Finanzgerichte zu erstatten sind, fließen dem Reiche zu. Soweit dem Steuerpflichtigen notwendige Auslagen erstattet werden, die ihm durch das Verfahren vor dem Finanzgericht erwachsen sind, geht die Erstattung, sofern nicht das Rechtsmittel namens eines Landes, einer Gemeinde oder eines selbständigen Gutsbezirkes eingelegt worden ist, zu Lasten des Reichs.

[1] Wo dies geschehen ist, können auch nach § 14a Abs. 1 besondere Kammern für Kirchensteuern gebildet werden.

§ 14a. (1) Bei den Finanzgerichten werden nach Bedarf Kammern gebildet. Ihr Geschäftsbereich kann örtlich oder nach Vermögensarten oder Vermögensgruppen (Beispiele: Kammern für Grundbesitz und für gewerbliche Betriebe) oder nach Steuerarten oder Steuergruppen abgegrenzt werden.

(2) Die Kammern entscheiden in der Besetzung von sieben Mitgliedern, und zwar von drei beamteten Mitgliedern (dem Vorsitzenden und zwei ständigen Mitgliedern) und vier ehrenamtlichen Mitgliedern. Von den ehrenamtlichen Mitgliedern soll tunlichst eins dem Beruf oder Erwerbszweig des Steuerpflichtigen angehören.

(3) Die Mitglieder der Finanzgerichte sind als solche unabhängig und nur dem Gesetz unterworfen.

§ 15. (1) Der Reichsminister der Finanzen bestellt die Vorsitzenden der Finanzgerichte und ihre Vertreter für die Dauer ihres Hauptamts aus den Mitgliedern des Landesfinanzamts. Der Vorsitzende des Finanzgerichts ist Vorsitzender sämtlicher Kammern.

(2) Die ständigen Mitglieder der Kammern und ihre Stellvertreter werden bestellt:

zur Hälfte vom Reichsminister der Finanzen für die Dauer ihres Hauptamts aus den Mitgliedern des Landesfinanzamts,

zur Hälfte von den Landesregierungen nach Maßgabe einer Verordnung, die der Reichsminister der Finanzen mit Zustimmung des Reichsrats erläßt; im Einvernehmen mit dem Reichsminister der Finanzen können die Landesregierungen auch Beamte der Reichsfinanzverwaltung bestellen.

(3) Die Bestellung zum ständigen Mitglied oder zum Stellvertreter kann in der Weise eingeschränkt werden, daß das Mitglied oder der Stellvertreter nur für Sachen, die zur Zuständigkeit der Kammern für

Grundbesitz gehören, oder nur für Sachen, die unter die Zuständigkeit der Kammern für gewerbliche Betriebe fallen, bestellt wird. Jede andere Einschränkung, insbesondere die Bestellung nur für einen Teil des Geschäftsbereichs einer Kammer, ist unzulässig[1].

(4) Die ständigen Mitglieder (einschließlich der Stellvertreter), die von den Landesregierungen bestellt werden, erhalten vom Reiche weder eine Vergütung für ihre Tätigkeit im Finanzgericht noch eine Entschädigung für Aufwand und Zeitverlust.

[1] Hierdurch soll nach EntwBegr. vermieden werden, daß bei den zur gleichen Kammer gehörigen Sachen verschiedene Mitglieder mitzuwirken haben je nach örtlicher oder sonstiger Abgrenzung.

§ 16. (1) Die ehrenamtlichen Mitglieder des Finanzgerichts und Vertreter für sie in der erforderlichen Zahl werden von Organen der Selbstverwaltung oder von den Vertretungen der Länder und von öffentlich-rechtlichen berufsständischen Vertretungen auf je sechs Jahre gewählt. Das Amt ist ein Ehrenamt; jedoch kann eine angemessene Entschädigung zugebilligt werden.

(2) Wählbar[1] sind Deutsche, die mehr als fünfundzwanzig Jahre alt sind, mindestens seit einem Jahre im Gerichtsbezirke wohnen und direkte Steuern zahlen. Im übrigen gelten wegen der Wählbarkeit und der Ablehnung der Wahl sinngemäß die Vorschriften, die nach dem Gerichtsverfassungsgesetze für Schöffen gelten. Zu dem Amte soll[2] außer den im Gerichtsverfassungsgesetze genannten Personen nicht berufen werden, wer auf Grund des § 30f seines Amtes als Mitglied eines Steuerausschusses oder eines Finanzgerichts enthoben oder wegen Steuerhinterziehung, Steuerhehlerei, Ver-

letzung des Steuergeheimnisses oder Aufforderung zur Steuerverweigerung[3] bestraft worden ist.

(3) Die Wahl verliert ihre Wirkung mit dem Aufhören einer der Bedingungen, die für die Wählbarkeit[4] vorgeschrieben sind.

(4) Die Vorschriften des § 29 Abs. 4, des § 30e Abs. 1 Satz 2 und des § 30f gelten sinngemäß. An Stelle des Vorstehers des Finanzamts (§ 29 Abs. 4 Satz 3, § 30e Abs. 1 Satz 2) entscheidet der Vorsitzende des Finanzgerichts.

(5) Die näheren Bestimmungen über die Wahl der Mitglieder und über die Zahl und Einberufung der Vertreter und ihre Verteilung auf die einzelnen Kammern erläßt der Reichsminister der Finanzen mit Zustimmung des Reichsrats.

[1] Fehlen der Wählbarkeitsbedingungen bildet einen absoluten Untauglichkeitsgrund mit der Folge der Nichtigkeit der Wahl (vgl. hierüber 2. Aufl.).

[2] Fehlen dieser Bedingungen macht Wahl nicht ungültig S. aber Anm. 1 zu § 30f.

[3] Der Tatbestand des § 375 fällt nicht hierunter. Im Übrigen vgl. wegen Steuersabotage 2. Aufl., Anm. 3 zu § 375.

[4] Bezieht sich also nur auf die absoluten Untauglichkeitsgründe, s. oben Anm. 1.

§ 22. (1) Die Gemeinde-, Ortspolizei- und sonstigen Ortsbehörden haben den Finanzämtern auch neben der im § 191 vorgesehenen Beistandspflicht Hilfe zu leisten, soweit dies wegen ihrer Kenntnis der örtlichen Verhältnisse oder zur Ersparung von Kosten oder Zeit zweckmäßig ist.

(2) Eine Entschädigung wird nicht gewährt.

§ 22a. (1) Der Reichsminister der Finanzen oder die von ihm beauftragte Reichsbehörde kann aus dem

Aufgabenkreise der Finanzämter einzelne Arten von Geschäften, insbesondere die Erhebung, die Beitreibung, die Zustellung oder die Bearbeitung der Stundungsangelegenheiten, sei es allgemein, sei es für eine Abgabe oder für mehrere Abgaben, Behörden der Gemeinden oder der Gemeindeverbände übertragen.

(2) Die Übertragung bedarf, soweit nichts anderes bestimmt ist,

1. der Zustimmung des Reichsrats: wenn für das ganze Reichsgebiet Verwaltungsgeschäfte auf dem Gebiete der Reichssteuern oder unter § 8a Nr. 1 fallende Verwaltungsgeschäfte auf dem Gebiete der Realsteuern übertragen werden;
2. der Zustimmung der Landesregierung: bei sonstigen (nicht unter Nr. 1 fallenden) Übertragungen.

(3) Der Reichsminister der Finanzen oder die von ihm beauftragte Reichsbehörde kann, vorbehaltlich abweichender Vereinbarungen, die Übertragung zurücknehmen.

(4) Soweit auf Grund einer Übertragung, die auf Abs. 1 beruht, Steuern von Behörden einer Gemeinde oder eines Gemeindeverbandes verwaltet werden, finden die Vorschriften der Reichsabgabenordnung Anwendung. Der Reichsminister der Finanzen kann jedoch zulassen, daß auf die Beitreibung die für Gemeindesteuern geltenden Vorschriften Anwendung finden.

(5) Sind auf dem Gebiete der Reichssteuern Verwaltungsgeschäfte Behörden der Gemeinden oder Gemeindeverbände übertragen worden, so erhalten die Gemeinden oder Gemeindeverbände für diese Verwaltung vom Reiche eine Entschädigung. Im übrigen wird eine Entschädigung nur dann gewährt, wenn das Reich auf Grund des § 8c Nr. 2 eine Vergütung erhält.

Für die nach Satz 1, 2 zu gewährenden Entschädigungen stellt der Reichsminister der Finanzen mit Zustimmung des Reichsrats Entschädigungsgrundsätze auf.

§ 23a. (1) Bevor für einen landwirtschaftlichen, forstwirtschaftlichen, gärtnerischen oder gewerblichen Betrieb der Umsatz, die Reineinkünfte oder der Gewerbeertrag, ferner bevor der Umsatz, die Reineinkünfte oder der Gewerbeertrag aus der Ausübung eines freien Berufs festgestellt werden, soll nach Bedarf und nach Lage der Verhältnisse in Stadt- und Landgemeinden das Finanzamt den Vorstand der Gemeinde, deren Zuständigkeit sich bei sinngemäßer Anwendung des § 52 ergibt, zu den Vorschlägen hören, die das Finanzamt dem Steuerausschusse machen will[1].

(2) Der Gemeindevorstand kann Vertrauenspersonen aus den Kreisen der Realsteuerpflichtigen oder der freien Berufe zuziehen. Die zugezogenen Vertrauenspersonen sind Amtsträger (§ 10 Abs. 3).

(3) Die näheren Bestimmungen erläßt der Reichsminister der Finanzen unter Berücksichtigung der Verhältnisse in den einzelnen Ländern und mit Zustimmung der Landesregierung.

[1] § 23 a hat durch Beteiligung der Gemeinden an den Ausschüssen selbst (§ 30 a) zwar an Bedeutung verloren, ist aber beibehalten worden, um möglichst sachgemäße Vorbereitung der Ausschußarbeiten zu gewährleisten.

§ 25. (1) Bei jedem Finanzamt, das Steuern vom Einkommen, vom Ertrage, vom Vermögen oder vom Umsatz[1] verwaltet, besteht ein Steuerausschuß.

(2) Nach Bedarf werden innerhalb des Steuerausschusses Abteilungen[2] gebildet. Ihr Geschäftsbereich kann örtlich oder nach Vermögensarten oder Vermögensgruppen (Beispiele: Abteilungen für Grund-

besitz und für gewerbliche Betriebe) oder nach Steuerarten oder Steuergruppen abgegrenzt werden.

[1] Steuern „vom Einkommen, vom Ertrage, vom Vermögen und vom Umsatz" sind nach EntwBegr.: Einkommensteuer, Körperschaftsteuer, Vermögensteuer, Aufbringungsumlage, Vermögenzuwachssteuer, Grundsteuer, Gewerbesteuer vom stehenden Gewerbe, Kirchensteuer, Erbschaftsteuer, Umsatzsteuer.

[2] Was früher die „Steuerausschüsse" waren, sind jetzt die „Abteilungen".

§ 26. (1) Der Steuerausschuß wirkt mit:

1. bei der gesonderten Feststellung der Besteuerungsgrundlagen[1] in den Fällen der §§ 210b, 210c;
2. bei der Festsetzung der Steuermeßbeträge für die Gewerbesteuer;
3. bei der Festsetzung der Steuern vom Einkommen und vom Umsatz[2];
4. bei der Entscheidung über den Einspruch, wenn bei dem angefochtenen Bescheide der Steuerausschuß mitgewirkt hat oder wenn für die Einspruchsentscheidung die Voraussetzungen der Nr. 1, 2 oder 3 vorliegen.

(2) Des weiteren liegt es dem Steuerausschuß ob, zur Nachprüfung der Veranlagung Einsicht in die Steuerlisten zu nehmen, die für die Steuern vom Einkommen, vom Ertrage, vom Umsatz und vom Vermögen (ausschließlich der Erbschaftsteuer) die Veranlagungsergebnisse enthalten.

[1] Einschließlich Neu-, Nach- und Berichtigungsfeststellung.

[2] Mitwirkung bei Vermögensteuer entbehrlich, weil bereits Mitwirkung bei der Besteuerungsgrundlage nach Nr. 1.

§ 27. (1)[1] Der Mitwirkung des Steuerausschusses bedarf es nicht,

1. wenn ein vorläufiger Bescheid[2] erlassen wird;

2. wenn ein Steuerbescheid erlassen wird, der sich auf die Anforderung von Steuervorauszahlungen beschränkt;
3. wenn auch Grund des § 76 Abs. 1 Nr. 2 ein Bescheid zurückgenommen oder geändert wird;
4. wenn im Falle des § 97 eine Nachfeststellung oder eine Berichtigungsfeststellung, eine Nachveranlagung oder eine Berichtigungsveranlagung vorgenommen wird;
5. wenn über Erinnerungen der im § 297d bezeichneten Art entschieden wird.

(2) Verweigert ein Steuerausschuß (eine Abteilung eines Steuerausschusses) die Erledigung eines Geschäfts, so entscheidet das Finanzamt ohne Mitwirkung des Steuerausschusses.

[1] Abs. 1 entspricht dem bisherigen § 45 der 3. StNV.

[2] Wo Abs. 1 von „Bescheid" spricht, sind außer Steuerbescheiden auch Feststellungsbescheide gemeint.

§ 28. (1) Den Vorsitz im Steuerausschuß (in den einzelnen Abteilungen des Steuerausschusses) führt der Vorsteher des Finanzamts oder ein von ihm beauftragter Beamter des Finanzamts.

(2) Außer dem Vorsitzenden gehören nach näherer Vorschrift der §§ 29 bis 30a gewählte, ernannte und bestellte Mitglieder dem Steuerausschusse (den einzelnen Abteilungen des Steuerausschusses) an[1].

[1] Wichtige Neuerung: Vertreter der Länder und Gemeinden im Steuerausschuß.

§ 29. (1) Soweit die Ausschußmitglieder nicht nach § 30 ernannt oder nach § 30a bestellt werden, werden sie zur Hälfte von Organen der Selbstverwaltung, zur Hälfte von öffentlich-rechtlichen berufsständischen Vertretungen gewählt.

(2) Wählbar[1] sind Deutsche, die mehr als fünfundzwanzig Jahre alt sind, mindestens seit einem Jahre im Veranlagungsbezirke oder, wenn eine Gemeinde in mehrere Veranlagungsbezirke eingeteilt ist, in der Gemeinde wohnen und direkte Steuern zahlen. Im übrigen gelten wegen der Wählbarkeit und der Ablehnung der Wahl sinngemäß die Vorschriften, die nach dem Gerichtsverfassungsgesetze für Schöffen gelten. Zu dem Amte soll[1] außer den im Gerichtsverfassungsgesetze genannten Personen nicht berufen werden, wer auf Grund des § 30f seines Amtes als Mitglied eines Steuerausschusses oder eines Finanzgerichts enthoben oder wegen Steuerhinterziehung, Steuerhehlerei, Verletzung des Steuergeheimnisses oder Aufforderung zur Steuerverweigerung[1] bestraft worden ist.

(3) Die Wahl verliert ihre Wirkung mit dem Aufhören einer der Bedingungen, die für die Wählbarkeit[1] vorgeschrieben sind.

(4) Ein Mitglied, gegen das ein Strafverfahren wegen Steuerhinterziehung, Steuerhehlerei, Verletzung des Steuergeheimnisses oder Aufforderung zur Steuerverweigerung eingeleitet worden ist, soll bis zur Erledigung dieses Verfahrens nicht zu den Sitzungen herangezogen werden. Im übrigen gelten die §§ 52 bis 54 des Gerichtsverfassungsgesetzes entsprechend. Der Vorsteher des Finanzamts entscheidet endgültig nach Anhörung der Beteiligten.

[1] Vgl. die entspr. Bem. zu § 16.

§ 3c. (1) Zu den gewählten Ausschußmitgliedern können ernannte Mitglieder treten. Ihre Zahl darf nicht größer sein als die Hälfte der Zahl der gewählten Mitglieder. Die Ernennung steht dem Präsidenten des Landesfinanzamts zu.

(2) Unterlassen die Organe der Selbstverwaltung oder die öffentlich-rechtlichen berufsständischen Vertretungen trotz Aufforderung die Wahl von Ausschußmitgliedern, so ernennt der Präsident des Landesfinanzamts die Ausschußmitglieder.

(3) Wer nicht zum Ausschußmitgliede gewählt werden kann oder soll, darf[1] nicht zum Ausschußmitglied ernannt werden. Die Vorschriften des § 29 Abs. 2 bis 4 finden Anwendung.

[1] Widersprechende Ernennung ist unwirksam.

§ 30a. (1) Als bestellte Mitglieder gehören nach näherer Vorschrift der Abs. 2, 3 Vertreter des Landes und der Gemeinden dem Steuerausschusse (den einzelnen Abteilungen des Steuerausschusses) an.

(2) Zum Mitglied des Steuerausschusses bestellt die Landesregierung einen Beamten als Vertreter des Landes und für den Fall seiner Verhinderung Stellvertreter. Im Einvernehmen mit dem Reichsminister der Finanzen kann die Landesregierung auch Beamte der Reichsfinanzverwaltung bestellen. Der Vertreter des Landes (im Falle der Verhinderung ein Stellvertreter) ist berechtigt, an den Sitzungen des Steuerausschusses insoweit teilzunehmen, als über die Besteuerung von Steuerpflichtigen beraten oder beschlossen wird, die in dem Lande ihren Wohnsitz oder gewöhnlichen Aufenthalt, einen landwirtschaftlichen, forstwirtschaftlichen, gärtnerischen oder gewerblichen Betrieb, eine Betriebsstätte, ein Grundstück, ein Betriebsgrundstück oder ein Werk zur Gewinnung von Mineralien haben.

(3) Im Steuerausschusse sind diejenigen Gemeinden und selbständigen Gutsbezirke vertreten, die ganz oder

zum Teil in dem Bezirke des Finanzamts belegen sind[1]. Für jede dieser Gemeinden, deren Einwohnerzahl am Tage der letzten Volkszählung mindestens dreihundert betragen hat, bestellt der Gemeindevorstand ein Ausschußmitglied und einen oder mehrere Stellvertreter. Die Gemeinden, deren Einwohnerzahl am Tage der letzten Volkszählung weniger als dreihundert betragen hat, und die selbständigen Gutsbezirke werden auf Verlangen ihres Gemeinde- oder Gutsvorstands durch den Vertreter einer größeren Nachbargemeinde (Satz 2) mitvertreten, sofern der Gemeindevorstand der Nachbargemeinde damit einverstanden ist. Soweit sich die Vertretung nicht nach Satz 3 regelt, bestellt für die im Satze 3 bezeichneten Gemeinden und selbständigen Gutsbezirke die Vertretung des übergeordneten Gemeindeverbandes (in Ländern, in denen übergeordnete Gemeindeverbände nicht bestehen, die Staatsaufsichtsbehörde) die Ausschußmitglieder und ihre Stellvertreter; jedes dieser Ausschußmitglieder (stellvertretenden Ausschußmitglieder) wird für mehrere Gemeinden oder selbständige Gutsbezirke, deren Einwohnerschaft am Tage der letzten Volkszählung zusammen mindestens dreihundert betragen haben muß, zum Vertreter im Steuerausschusse bestellt. Die Ausschußmitglieder (im Falle ihrer Verhinderung ihre Stellvertreter) sind berechtigt, an den Sitzungen des Steuerausschusses insoweit teilzunehmen, als über die Besteuerung von Steuerpflichtigen beraten oder beschlossen wird, die in der Gemeinde ihren Wohnsitz oder gewöhnlichen Aufenthalt, einen landwirtschaftlichen, forstwirtschaftlichen, gärtnerischen oder gewerblichen Betrieb, eine Betriebsstätte, ein Grundstück, ein Betriebsgrundstück oder ein Werk zur Gewinnung von

Mineralien haben. Die Vorschriften des § 29 Abs. 2 bis 4 finden Anwendung; § 34 Abs. 1 Nr. 6 des Gerichtsverfassungsgesetzes gilt jedoch nicht.

[1] Für die Vertretung der Gemeinden gilt nach Abs. 3 folgendes: Gemeinden mit mehr als 300 Einwohnern können einen besonderen Vertreter bestellen. Diese Vertreter können auch kleinere Nachbargemeinden auf deren Antrag mitvertreten. Alle übrigen Gemeinden werden nach Abs. 3 S. 4 derart zusammengefaßt, daß für zwei oder mehrere Gemeinden, die zusammen mindestens 300 Einwohner haben müssen, je ein Vertreter bestellt wird.

§ 30b. (1) Bei der Bildung der Abteilungen des Steuerausschusses ist darauf zu sehen, daß die verschiedenen Arten des Vermögens und Einkommens vertreten sind.

(2) In jeder Abteilung des Steuerausschusses darf weder auf Personen, die im Bezirke des Finanzamts landwirtschaftliches, forstwirtschaftliches oder gärtnerisches Vermögen haben, noch auf Personen, die im Bezirke des Finanzamts Grundvermögen besitzen, noch auf Personen, die im Bezirke des Finanzamts Betriebsvermögen haben, noch auf Arbeitnehmer mehr als die Hälfte der gewählten und ernannten Ausschußmitglieder entfallen.

§ 30c. (1) Das Amt eines Ausschußmitglieds ist ein Ehrenamt. Jedoch kann eine angemessene Entschädigung zugebilligt werden.

(2) Die Vertreter der Länder, der Gemeinden und der selbständigen Gutsbezirke erhalten vom Reiche weder eine Vergütung für ihre Tätigkeit im Steuerausschusse noch eine Entschädigung für Aufwand und Zeitverlust.

§ 30d. (1) Die Ausschußmitglieder haben bei Eintritt in ihre Tätigkeit dem Vorsteher des Finanzamts durch Handschlag an Eides Statt zu geloben, bei den Ausschußverhandlungen ohne Ansehen der Person nach bestem Wissen und Gewissen zu verfahren, die Verhandlungen und die hierbei zu ihrer Kenntnis gelangenden Verhältnisse der Steuerpflichtigen geheimzuhalten und Geschäfts- und Betriebsgeheimnisse nicht unbefugt zu verwerten.

(2) Bei Wiederwahl, Wiederernennung oder Wiederbestellung genügt die Verweisung auf die früher abgegebene Versicherung.

§ 30e. (1) Der Steuerausschuß (die Abteilung des Steuerausschusses) ist beschlußfähig, wenn außer dem Vorsitzenden mindestens zwei gewählte oder ernannte Mitglieder anwesend sind. Bei Ausbleiben von Mitgliedern gilt sinngemäß der § 56 des Gerichtsverfassungsgesetzes; der Vorsteher des Finanzamts entscheidet.

(2) Bei Abstimmungen im Steuerausschuß entscheidet Stimmenmehrheit. Der Vorsitzende stimmt mit; bei Stimmengleichheit entscheidet seine Stimme. Bilden sich wegen eines Betrags, der für die Feststellung der Besteuerungsgrundlage oder für die Steuerberechnung wesentlich ist, mehr als zwei Meinungen, so werden die Stimmen für den höchsten Betrag den Stimmen für den nächstniederen hinzugezählt, bis sich eine Mehrheit ergibt.

(3) Der Steuerausschuß ist an die Durchführungsbestimmungen und an die Ausführungsbestimmungen gebunden.

§ 30f. (1) Auf Antrag des Landesfinanzamts hat der Reichsfinanzhof ein gewähltes, ernanntes oder nach § 30a Abs. 3 bestelltes Mitglied eines Steuerausschusses seines Amtes zu entheben, wenn das Mitglied sich für das Amt als untauglich erwiesen hat[1].

(2) Untauglich für das Amt ist ein Mitglied insbesondere[2] in folgenden Fällen:

1. wenn bei dem Mitglied Gründe vorliegen, die, wenn sie bei einem Reichsbeamten beständen, die Entfernung des Reichsbeamten aus seinem Amte rechtfertigen würden;
2. wenn das Mitglied die ihm obliegenden Pflichten gröblich verletzt hat[3];
3. wenn das Mitglied erklärt hat, daß es die ihm obliegenden Pflichten gröblich verletzen werde, insbesondere wenn das Mitglied erklärt hat, es werde das Steuergeheimnis verletzen;
4. wenn das Mitglied versucht hat, die Bevölkerung oder einzelne Bevölkerungskreise gegen die Steuergesetzgebung, gegen die Steuerverwaltung oder gegen Beamte der Steuerverwaltung aufzuhetzen;
5. wenn das Mitglied vor der Sitzung des Steuerausschusses mit einem anderen Mitglied oder mit einer sonstigen Person verabredet hat, ohne Rücksicht auf die Ergebnisse der Sitzung in einem bestimmten Sinne zu stimmen.

(3) Der Reichsfinanzhof entscheidet im Beschlußverfahren. Er kann anordnen, daß das Mitglied bis zum Erlasse des Beschlusses sein Amt nicht ausüben darf.

[1] Der Grund der Untauglichkeit kann schon vor der Wahl usw. vorhanden gewesen sein. § 30f bietet also ein Mittel, um Personen, die trotz Untauglichkeit und vielleicht gegen den Widerspruch der Behörde gewählt oder bestellt worden sind, nachträglich aus dem Ausschuß zu entfernen.

[2] Aufzählung nicht erschöpfend.

[3] Die wichtigsten Fälle sind wohl Verletzung des Steuer-

geheimnisses und Ausübung des Beratungs- und Abstimmungsrechts wider besseres Wissen.

Gerichtliche oder disziplinarische Bestrafung braucht weder in den Fällen der Nr. 2 noch in anderen Fällen vorzuliegen. Sogar eine gerichtliche Freisprechung dürfte die Steuerbehörden bei Durchführung des § 30 f nicht binden.

§ 30g. (1) Die näheren Bestimmungen über die Bildung der Steuerausschüsse und ihrer Abteilungen sowie über ihr Verfahren erläßt der Reichsminister der Finanzen mit Zustimmung des Reichsrats. Dabei kann (insbesondere für Steuerfälle, bei denen das Finanzamt der Ansicht ist, daß mit ihrer Erledigung nicht bis zu der nächsten ordentlichen Ausschußsitzung gewartet werden kann) ein schriftliches Verfahren (Umlaufverfahren) zugelassen werden, bei dem nur ein Teil der Ausschußmitglieder mitzuwirken braucht oder bei dem die Mitwirkung eines besonderen Ausschusses (einer besonderen Abteilung des Steuerausschusses) mit beschränkter Mitgliederzahl genügt.

(2) Was im Sinne des § 30a Abs. 3 Satz 4 als übergeordneter Gemeindeverband anzusehen ist, bestimmt die Landesregierung.

§ 32. (1) Der Reichsfinanzhof ist oberste Spruchbehörde in Reichssteuersachen.

(2) Als Beschlußbehörde entscheidet er in den ihm durch Gesetz besonders übertragenen Sachen.

(3) Als Spruchbehörden entscheiden die Senate des Reichsfinanzhofs in der Besetzung von wenigstens fünf Mitgliedern einschließlich des Vorsitzenden. Im Beschlußverfahren entscheiden sie in der Besetzung von wenigstens drei Mitgliedern einschließlich des Vorsitzenden. Bei Stimmengleichheit wird die Stimme des dem Dienstalter nach und bei gleichem Dienstalter

der Geburt nach jüngsten Mitglieds nicht mitgezählt; der Berichterstatter hat jedoch immer Stimmrecht.

(4) Für die Realsteuern ist der Reichsfinanzhof oberste Spruchbehörde insoweit, als die Steuern von Finanzämtern und Landesfinanzämtern verwaltet werden. Im übrigen kann auf Antrag einer Landesregierung der Reichsminister der Finanzen den Reichsfinanzhof als oberste Spruchbehörde für Steuern der Länder, der Gemeinden, der Gemeindeverbände und der Religionsgesellschaften des öffentlichen Rechtes bestellen. § 14 Abs. 4 gilt entsprechend.

§ 38. Abs. 1, 2 wie bisher.

(3) Der Präsident wird in seinen übrigen Geschäften, wenn ein Senatspräsident zu seinem ständigen Vertreter ernannt worden ist, von diesem, sonst von dem Senatspräsidenten vertreten, der dem Dienstalter nach und bei gleichem Dienstalter der Geburt nach der älteste ist.

§ 39. (1) Vor Beginn des Geschäftsjahrs verteilen der Präsident, die Senatspräsidenten und die dem Dienstalter, bei gleichem Dienstalter der Geburt nach drei ältesten Mitglieder die Geschäfte unter die Senate und bestimmen die ständigen Mitglieder der Senate sowie ihre regelmäßigen Vertreter. Hierbei entscheidet Stimmenmehrheit; bei Stimmengleichheit wird die Stimme des dem Dienstalter nach und bei gleichem Dienstalter der Geburt nach jüngsten Mitglieds nicht mitgezählt. Jedes Mitglied kann mehreren Senaten angehören.

Abs. 2 wie bisher.

§ 46. (1) Will ein Senat in einer Rechtsfrage von einer nach § 44 veröffentlichten Entscheidung abweichen, so hat er die Rechtsfrage unter Begründung seiner Rechtsauffassung an den großen Senat zu verweisen. Dies gilt nicht, wenn der Senat von einer eigenen Entscheidung abweichen will oder der Senat, von dessen Entscheidung er abweichen will, der Abweichung zustimmt.

(2) Der große Senat besteht aus dem Präsidenten und den Senatspräsidenten oder ihren Vertretern. Ferner hat jeder Senat ein Mitglied, das er von Fall zu Fall bestimmt, zur Teilnahme an der Entscheidung in den großen Senat zu entsenden.

(3) Soweit die Entscheidung über die Rechtsfrage, die an den großen Senat verwiesen worden ist, eine mündliche Verhandlung erfordert, findet die mündliche Verhandlung vor dem großen Senat statt.

(4) Bei Stimmengleichheit wird die Stimme des dem Dienstalter nach und bei gleichem Dienstalter der Geburt nach jüngsten Mitglieds nicht mitgezählt; der Berichterstatter hat jedoch immer Stimmrecht.

§ 49. Ein Amtsträger (§ 10 Abs. 3) kann sich der Ausübung seines Amtes wegen Befangenheit enthalten. Er bedarf hierzu der Zustimmung des Leiters der Behörde, der er angehört; bei dem Leiter der Behörde entscheidet die vorgesetzte Behörde, bei Mitgliedern eines Gerichts oder eines Ausschusses die Kammer, der Senat oder der Ausschuß.

§ 51. Für die Besteuerung nach dem Einkommen, dem Ertrag, dem Vermögen und dem Umsatz[1] richtet sich die örtliche Zuständigkeit, soweit nichts anderes bestimmt ist, nach den §§ 52 bis 55.

[1] Über den Begriff dieser Steuern s. Anm. 1 zu § 25.

§ 52. Für die in den §§ 210b, 210c bezeichneten gesonderten Feststellungen (einschließlich ihrer Vorbereitung und Nachprüfung) sowie für Maßnahmen der Steueraufsicht (ausgenommen die Maßnahmen nach § 201a) ist örtlich zuständig:

1. Bei landwirtschaftlichen, forstwirtschaftlichen und gärtnerischen Betrieben, bei Grundstücken, Betriebsgrundstücken und Mineralgewinnungsrechten:

   das Finanzamt, in dessen Bezirk der Betrieb, das Grundstück, das Betriebsgrundstück oder das Werk zur Gewinnung von Mineralien belegen ist (Belegenheitsfinanzamt). Erstreckt sich der Betrieb, das Grundstück, das Betriebsgrundstück oder das Werk zur Gewinnung von Mineralien auf die Bezirke mehrerer Finanzämter, so ist das Finanzamt zuständig, in dessen Bezirk der wertvollste Teil belegen ist.

2. Bei gewerblichen Betrieben:

   das Finanzamt, in dessen Bezirk sich

   a) bei einem inländischen Betriebe:

      die Betriebsleitung (der Mittelpunkt der geschäftlichen Oberleitung)[1],

   b) bei inländischen Betriebstätten eines ausländischen Betriebs:

      die inländische Betriebstätte oder bei mehreren inländischen Betriebstätten die wirtschaftlich bedeutendste der inländischen Betriebstätten

   befindet (Betriebsfinanzamt).

3. In den Fällen des § 210c Abs. 2 Nr. 3:

   das Finanzamt, von dessen Bezirk aus die Berufstätigkeit im Inland vorwiegend ausgeübt wird.

[1] Die kaufmännische (nicht technische) Leitung ist gemeint.

§ 53. Soweit nicht die Vorschriften des § 52 Platz greifen, bestimmt sich die örtliche Zuständigkeit nach den folgenden Vorschriften.

(2) Für die Besteuerung nach den Vorschriften über die Grundsteuer (einschließlich der Zerlegung der Besteuerungsgrundlagen) ist das Belegenheitsfinanzamt zuständig.

(3) Für die Besteuerung nach den Vorschriften über die Gewerbesteuer ist, soweit es sich um die Festsetzung und die Zerlegung der Steuermeßbeträge handelt, das Betriebsfinanzamt, im übrigen dagegen für jede Betriebstätte das Finanzamt zuständig, in dessen Bezirk sich die Betriebstätte befindet.

(4) Für die Besteuerung nach dem Umsatz ist bei Umsätzen aus landwirtschaftlichen, forstwirtschaftlichen und gärtnerischen Betrieben sowie aus Grundstücken (ausschließlich der Betriebsgrundstücke) das Belegenheitsfinanzamt, bei Umsätzen aus gewerblichen Betrieben das Betriebsfinanzamt, bei sonstigen Umsätzen das Finanzamt zuständig, das sich aus den Vorschriften des Abs. 5 ergibt. Soweit vorgeschrieben ist, daß Entgelte, die in mehreren Betrieben desselben Steuerpflichtigen vereinnahmt werden, für Zwecke der Umsatzsteuer zusammenzurechnen sind, ist das Finanzamt zuständig, in dessen Zuständigkeit (Satz 1) der wirtschaftlich bedeutendste der mehreren Betriebe fällt.

(5) Für die Besteuerung nach dem Einkommen und dem Vermögen (ausschließlich der Besteuerung nach den Vorschriften über die Realsteuern, jedoch einschließlich der Zerlegung von Einkommensteuerbeträgen und Körperschaftsteuerbeträgen) sowie für die im § 201a bezeichneten Maßnahmen der Steueraufsicht ist zuständig:

1. Bei natürlichen Personen:

Das Finanzamt, in dessen Bezirk der Steuerpflichtige seinen Wohnsitz oder, wenn er im Inland keinen Wohnsitz hat, seinen gewöhnlichen Aufenthalt hat (Wohnsitzfinanzamt). Hat ein Steuerpflichtiger seinen gewöhnlichen Aufenthalt zwar im Inland, aber nicht im Bezirk eines bestimmten Finanzamts, so ist das Finanzamt zuständig, das zuerst mit der Besteuerung (Besteuerung nach dem Einkommen, Vermögen oder Umsatz) des Steuerpflichtigen befaßt wird. Wenn ein Steuerpflichtiger im Inland weder einen Wohnsitz noch einen gewöhnlichen Aufenthalt hat, so ist das Finanzamt zuständig, in dessen Bezirk sich Vermögen des Steuerpflichtigen befindet und, wenn dies für mehrere Finanzämter zutrifft, in dessen Bezirk sich der wertvollste Teil des Vermögens befindet; hat der Steuerpflichtige kein Vermögen im Inland, so ist das Finanzamt zuständig, in dessen Bezirk der Steuerpflichtige seine gewerbliche oder berufliche Tätigkeit im Inland vorwiegend ausübt. Für einen Auslandsbeamten, der im Inland keinen Wohnsitz hat, ist das Finanzamt zuständig, in dessen Bezirk die inländische öffentliche Kasse liegt, die die Dienstbezüge des Auslandsbeamten zu zahlen hat.

2. Bei Körperschaften, Personenvereinigungen und Vermögensmassen:

Das Finanzamt, in dessen Bezirk sich die Geschäftsleitung[1] befindet (Finanzamt der Geschäftsleitung) oder von dessen Bezirk aus die Berufstätigkeit im Inland vorwiegend ausgeübt wird.

Ist die Geschäftsleitung nicht im Inland, so gilt die Vorschrift der Nr. 1 Satz 3 Halbsatz 1; hat der Steuerpflichtige kein Vermögen im Inland, so ist das Finanzamt zuständig, in dessen Bezirk der Steuerpflichtige seinen Sitz hat.

[1] S. Anm. 1 zu § 52.

§ 54. (1) Für die Besteuerung nach dem Erbschaftsteuergesetz ist das Finanzamt örtlich zuständig, das sich bei entsprechender Anwendung des § 53 Abs. 5 ergibt. Dabei sind statt der Verhältnisse des Steuerpflichtigen die des Erblassers zur Zeit seines Todes oder die des Schenkers zur Zeit der Ausführung der Zuwendung maßgebend.

(2) Läßt sich auf Grund des Abs. 1 Satz 2 die örtliche Zuständigkeit eines Finanzamts nicht feststellen, so entscheiden die Verhältnisse der Erwerber (bei Zweckzuwendungen die Verhältnisse der Beschwerten) zur Zeit des Erwerbes. Sind danach mehrere Finanzämter zuständig, so geht das Finanzamt vor, das zuerst mit der Sache befaßt wird.

§ 55. Für die Besteuerung nach dem Einkommen, dem Ertrage, dem Vermögen und dem Umsatz ist das Finanzamt von dem Zeitpunkt ab örtlich zuständig, in dem es von den seine Zuständigkeit begründenden Voraussetzungen Kenntnis erlangt. Die Zuständigkeit endet mit dem Zeitpunkt, in dem ein anderes Finanzamt örtlich zuständig wird.

§ 56. In anderen als den im § 51 bezeichneten Fällen ist, soweit nichts anderes bestimmt ist, örtlich zuständig:

1. Für die Besteuerung nach dem Grunderwerbsteuergesetze sowie für die Zerlegung von Grunderwerbsteuerbeträgen:

das Finanzamt, in dessen Bezirk das Grundstück (der wertvollste Teil des Grundstücks) belegen ist.

2. Für die Besteuerung nach dem Rennwett- und Lotteriegesetze:

das Finanzamt, in dessen Bezirk der Steuerpflichtige seinen Wohnsitz oder, wenn der Steuerpflichtige keine natürliche Person ist, die Geschäftsleitung hat. Für Ausspielungen auf Jahrmärkten oder bei Gelegenheit von öffentlichen Volksbelustigungen ist auch das Finanzamt zuständig, in dessen Bezirk die Ausspielung stattfindet.

3. Für die Besteuerung nach den Vorschriften über die Gesellschaftsteuer:

das Finanzamt, in dessen Bezirk die Gesellschaft ihre Geschäftsleitung oder, wenn die Geschäftsleitung nicht im Inland ist, ihren Sitz hat.

4. Für die Besteuerung nach den Vorschriften über die Wertpapiersteuer, die Börsenumsatzsteuer und die Wechselsteuer sowie in den Fällen, in denen die Landesstempelgesetze die Steuerpflicht an eine Beurkundung knüpfen:

das Finanzamt, das zuerst mit der Sache befaßt wird.

5. Für die Besteuerung nach dem Kraftfahrzeugsteuergesetze:

das Finanzamt, das sich bei entsprechender Anwendung des § 53 Abs. 5 ergibt. Befindet sich der gewöhnliche Standort (Einstellraum) des Kraftfahrzeugs in dem Bezirk eines anderen als des im Satz 1 bezeichneten Finanzamts, so ist auch das andere Finanzamt zuständig. Für Kraftfahrzeuge, die aus dem Ausland zu vorübergehendem Aufenthalt in das Inland eingehen, ist die Stelle zuständig, der die zollamtliche Abfertigung obliegt.

6. Für die Besteuerung nach dem Versicherungsteuergesetze:

   das Finanzamt, das sich bei entsprechender Anwendung des § 53 Abs. 5 ergibt. Dabei sind die Verhältnisse des Versicherers (bei ausländischen Versicherern die Verhältnisse derjenigen inländischen Geschäftsstelle, die die Leitung der Geschäfte im Inland hat) und, wenn der Versicherer die Erfüllung der Steuerpflicht einem Bevollmächtigten übertragen hat, die Verhältnisse des Bevollmächtigten maßgebend. Wenn der Versicherer im Inland weder einen Wohnsitz (Sitz, Geschäftsleitung) noch einen zur Entgegennahme des Versicherungsentgelts bevollmächtigten Vertreter hat, so kommt es auf die Verhältnisse des Versicherungsnehmers an.

7. Für die Besteuerung nach dem Beförderungsteuergesetze:

   das Finanzamt, das sich bei entsprechender Anwendung des § 53 Abs. 5 ergibt. Dabei sind die Verhältnisse des Betriebsunternehmers maßgebend.

8. Für die Besteuerung nach den Zollgesetzen und nach den Verbrauchsteuergesetzen:

   das Finanzamt, in dessen Bezirk der Tatbestand verwirklicht wird, an den das Gesetz die Steuer knüpft. Kann nicht festgestellt werden, wo der im Satz 1 bezeichnete Tatbestand verwirklicht worden ist, so ist das Finanzamt zuständig, das zuerst mit der Sache befaßt wird.

§ 57. Läßt sich aus den Vorschriften der Steuergesetze die Zuständigkeit eines bestimmten Finanzamts für einen einzelnen Fall oder für gewisse Arten von Fällen nicht herleiten, so bestimmt der Reichsminister der Finanzen, welches Finanzamt zuständig sein soll.

§ 58. (1) Im Einvernehmen mit dem Finanzamt, das nach den Vorschriften der Steuergesetze örtlich zuständig ist, kann (insbesondere wenn ein Steuerpflichtiger es beantragt) für einen einzelnen Fall oder für gewisse Arten von Fällen ein anderes Finanzamt die Besteuerung[1] übernehmen, wenn dies zweckmäßig ist.

(2) Wenn in einem Falle des Abs. 1 die beteiligten Finanzämter sich nicht einigen oder wenn sonst zwischen mehreren Finanzämtern Meinungsverschiedenheiten oder Zweifel über die Zuständigkeit entstehen, so entscheidet die nächste gemeinschaftliche obere Behörde. Bei mehrfacher Heranziehung eines Steuerpflichtigen zu derselben Steuer bestimmt sie, welche Heranziehung, bei mehrfacher Feststellung derselben Besteuerungsgrundlagen, welche Feststellung außer Kraft zu setzen ist.

[1] Dazu gehört auch die Beitreibung: vgl. die Abweichung von der früheren Fassung.

§ 62. Abs. 1, 2 wie bisher.

(3) Bei mehrfachem Wohnsitz im Inland ist der Wohnsitz, der mit einem dienstlichen Wohnsitz zusammenfällt, vor einem anderen Wohnsitz, der Wohnsitz im Heimatstaat vor dem Wohnsitz in einem anderen Land und, wenn keiner dieser Fälle vorliegt, der Wohnsitz an dem Orte maßgebend, an dem sich der Steuerpflichtige vorwiegend aufhält.

§ 76. (1) Einen Steuerbescheid (§§ 211, 211a), Feststellungsbescheid (§§ 210b, 210c), Veranlagungsbescheid (§ 210 Abs. 1 Satz 2) oder einen Bescheid der in den §§ 223, 223a bezeichneten Arten kann die Behörde, die ihn erlassen hat, zurücknehmen oder ändern:

1. wenn der Bescheid Zölle oder Verbrauchssteuern betrifft;
2. wenn er andere Steuern betrifft:
   falls der Steuerpflichtige zustimmt[1] oder soweit einem Antrag des Steuerpflichtigen der Sache nach entsprochen wird; ist jedoch der Bescheid bereits unanfechtbar geworden, so darf er nur zum Nachteil des Steuerpflichtigen zurückgenommen oder geändert werden.

(2) Die Vorschriften des Abs. 1 sind auch dann anwendbar, wenn bereits Einspruch, Anfechtung oder Berufung eingelegt worden ist, nicht dagegen, wenn bereits Rechtsbeschwerde eingelegt worden ist. Wird dem Rechtsmittelantrag des Steuerpflichtigen der Sache nach in vollem Umfang entsprochen und findet dadurch das Rechtsmittel in der Hauptsache seine Erledigung, so ist eine Entscheidung über die Kosten des Rechtsmittelverfahrens nicht erforderlich, wenn das Finanzamt (in den Fällen des § 223a das Landesfinanzamt) dem Steuerpflichtigen erklärt, daß das Reich die Kosten des Rechtsmittelverfahrens trägt[2].

(3) Die Vorschriften über die Nachforderung hinterzogener Steuern, über die Nach- und Neuveranlagung und über die Berichtigung von Veranlagungen bleiben unberührt.

(4) Einspruchsentscheidungen können unter den gleichen Voraussetzungen wie Steuerbescheide zurückgenommen oder geändert werden. Andere Rechtsmittelentscheidungen können nicht zurückgenommen oder geändert werden.

[1] Die Zustimmung muß sich auf die ganze Abänderung erstrecken einschließlich — bei Rechtsmittelentscheidungen — der Regelung des Kostenpunkts. Ist ohne diese Regelung geändert worden, dann kann immer noch nach Abs. 2 S. 2 verfahren werden.

[2] Die Erklärung muß sich auf die Kosten aller Instanzen beziehen. Wird sie nicht abgegeben, so muß über die Kostentragung besonders entschieden werden. Es entscheidet, wenn bereits Berufung eingelegt war, das Finanzgericht (Vorsitzender), sonst das Finanzamt (ohne Steuerausschuß). Erklärung wie Entscheidung können jederzeit nachgeholt werden. Aus der Zulässigkeit einer Entscheidung im Kostenpunkt allein ist zu folgern, daß in diesen Fällen — innerhalb der gewöhnlichen Rechtsmittelfrist — auch eine Anfechtung des Kostenpunkts allein zulässig ist (entgegen sonstigen Rechtsprechungsgrundsätzen).

Zu den evtl. vom Reich zu tragenden Kosten gehören übrigens keinesfalls die Kosten für Steuerberatung (§ 294).

In der Sache selbst wird durch wirksame Änderung des Vorbescheids das schwebende Rechtsmittel (ohne dessen Zurücknahme, die evtl. unbeachtlich) gegenstandslos; Sachentscheidung entfällt; RFH. v. 27. 12. 29 (RStBl. 1930 S. 25) insoweit wohl überholt.

§ 82a. Hat ein Steuerpflichtiger eine Verbrauchsteuer oder Umsatzsteuer[1] mehrfach nicht rechtzeitig entrichtet oder liegen Gründe vor, aus denen der Eingang einer Verbrauchsteuer oder Umsatzsteuer gefährdet erscheint, so kann das Finanzamt verlangen, daß die auf die Steuer zu leistenden Zahlungen jeweils zu einem vom Finanzamt zu bestimmenden, vor der gesetzlichen Fälligkeit aber nach der Entstehung der Steuerschuld liegenden Zeitpunkt entrichtet werden oder daß Sicherheit geleistet wird.

[1] Der entsprechende frühere § 14 Abs. 2 UStG. ist nun gestrichen.

§ 96. Abs. 1 wie bisher.

(2) Die gleiche Haftung tritt ein für die Grundsteuer, falls der Steuergegenstand in das Eigentum einer anderen Person übergeht, es sei denn, daß der Steuergegenstand in der Zwangsversteigerung[1] erworben wird. Satz 1 gilt entsprechend bei grundstücksgleichen Berechtigungen und bei Gebäuden, die in Ausübung eines Miet-, Pacht- oder sonstigen Rechtsverhältnisses auf fremdem Grund und Boden errichtet worden sind, auch wenn sie wesentlicher Bestandteil geworden sind.

[1] Gegensatz zur Haftung nach Abs. 1, die auch bei Erwerb in der Zwangsversteigerung eintritt.

§ 102a[1]. (1) Schuldet ein Steuerpflichtiger mehrere Schuldbeträge (Steuern oder andere steuerrechtliche Geldleistungen) und reicht bei freiwilliger[2] Zahlung der gezahlte Betrag nicht zur Tilgung sämtlicher Schulden aus, so wird die Schuld getilgt, die der Steuerpflichtige bei der Zahlung bestimmt.

(2) Trifft der Steuerpflichtige keine Bestimmung, so wird eine Zahlung, die die Hauptschulden nebst Zinsen und Kosten nicht vollständig deckt, zunächst auf die Kosten, dann auf die Zinsen und zuletzt auf die Hauptschulden verrechnet. Jedoch gehen Geldstrafen (einschließlich Ordnungsstrafen und Erzwingungsstrafen) allen sonstigen Schulden vor[3].

(3) Ist der Steuerpflichtige mit mehreren Hauptschulden im Rückstand, so werden aus dem gezahlten Geldbetrage, soweit er nicht auf Geldstrafen, Kosten und Zinsen zu verrechnen ist (Abs. 2), zunächst die Realsteuern getilgt, sofern deren Erhebung dem Finanzamt übertragen worden ist. Werden die Realsteuern für Rechnung verschiedener öffentlich-rechtlicher

Körperschaften erhoben, so wird unter den auf diese Steuern entfallenden Schulden die früher fällig gewordene Schuld vor der später fällig gewordenen, gleichzeitig fällig gewordene Schulden werden anteilmäßig getilgt. Satz 2 gilt nicht, wenn der gezahlte Betrag nicht höher ist als zehn Reichsmark; in diesem Falle bestimmt das Finanzamt (Finanzkasse), welche der auf die Realsteuern entfallenden Schulden getilgt wird. Im Sinne dieses Absatzes stehen den Realsteuern diejenigen Steuern der Religionsgesellschaften des öffentlichen Rechtes gleich, die sich an die Realsteuern anschließen.

(4) Wird durch die Verrechnung nach Abs. 3 der gezahlte Betrag nicht aufgebraucht, so bestimmt das Finanzamt (Finanzkasse), welche Hauptschuld aus dem verbleibenden Betrage zuerst getilgt wird. Dies gilt nicht, wenn die Schuldbeträge für Rechnung verschiedener öffentlich-rechtlicher Körperschaften erhoben werden und der verbleibende Betrag (Satz 1) zehn Reichsmark übersteigt; in diesem Falle wird die früher fällig gewordene Schuld vor der später fällig gewordenen, gleichzeitig fällig gewordene Schulden werden anteilmäßig getilgt.

[1] § 102a gehört zwar zu den erst später in Kraft tretenden Vorschriften (vgl. Tabellarische Übersicht), die hier in Abs. 1 und 2 niedergelegten Grundsätze entsprechen aber bereits dem gegenwärtigen Rechtszustand.

[2] Der ganze § 102a bezieht sich nur auf freiwillige Zahlungen. Die Verrechnung beigetriebener Beträge regelt § 61 BeitrO.

Freiwillig ist eine Zahlung nur dann, wenn wegen der Rückstände, zu deren Deckung sie der Schuldner bestimmt, noch keine Vollstreckungsmaßnahme ausgeführt war. Mahnung und Postnachnahme sind noch keine Vollstreckungsmaßnahmen.

[3] Unter mehreren Geldstrafen geht die früher fällige vor.

§ 103. Über Änderung vgl. Tabellarische Übersicht.

§ 103a[1]. Bestehen zwischen dem Steuerpflichtigen und dem Finanzamt Meinungsverschiedenheiten darüber, ob eine Zahlungsverpflichtung[2] erloschen ist[3], so hat das Finanzamt dem Steuerpflichtigen auf Antrag einen schriftlichen Bescheid (Abrechnungsbescheid)[4] zu erteilen.

[1]) Diese Neuerung soll nach EntwBegr. den bisherigen Umweg (erst zahlen, dann Erstattungsanspruch aus § 129 durchfechten) beseitigen. Hieraus wird man folgern dürfen, daß der Antrag nach § 103a zunächst die Zahlungsverpflichtung hemmt; bei Anfechtung des Abrechnungsbescheids gilt aber wieder § 235.

[2] Im weitesten Sinne; auch Geldstrafen, soweit die Einziehung dem FA. obliegt, dürften hierher gehören; vgl. § 102a Abs. 2.

Die formelle Verpflichtung zur Zahlung muß unbestritten sein. Dagegen braucht die fiskalische Forderung noch nicht rechtskräftig zu sein.

[3] Erlöschensgründe sind Zahlung, Aufrechnung, Verjährung, Erlaß, letzterer allerdings nur dann, wenn er nach Entstehung der Steuerschuld verfügt und bekanntgegeben worden ist. Wird er erst nach Einlegung eines Rechtsmittels gegen den Abrechnungsbescheid verfügt, so wird Antrag nach § 103a gegenstandslos; die Kostenfrage wird analog der Vorschrift des § 76 Abs. 2 zu behandeln sein.

[4] Inhalt des Bescheides ist die Feststellung, daß der Antragsteller auf Grund einer bestimmten Festsetzung (Steuerbescheid usw.) noch einen bestimmten Betrag (oder nichts mehr) zu zahlen hat. In der Bescheidsbegründung sind die geltendgemachten Erlöschensgründe, soweit sie nicht anerkannt werden, zu widerlegen.

§ 104a[1]. (1) Zahlungen von Steuern und sonstigen Geldleistungen können gestundet werden, wenn ihre Einziehung mit erheblichen Härten für den Steuerpflichtigen verbunden ist und der Anspruch durch die Stundung nicht gefährdet wird. Die Stundung soll in

der Regel nur gegen Sicherheitsleistung und Verzinsung gewährt werden.

(2) Will das Finanzamt für länger als ein Jahr Stundung bewilligen, so hat es, bevor es seine Verfügung dem Antragsteller bekanntgibt, die Genehmigung des Landesfinanzamts einzuholen. Bei den Realsteuern bedarf es statt der Genehmigung des Landesfinanzamts der Zustimmung der Gemeinde oder des Gemeindeverbandes, soweit für deren Rechnung die Realsteuern erhoben werden.

(3) Auf Antrag einer Landesregierung hat der Reichsminister der Finanzen anzuordnen, daß das Finanzamt, wenn es Realsteuer, die für Rechnung des Landes, seiner Gemeinden oder seiner Gemeindeverbände erhoben wird, stunden will, ohne Rücksicht auf die Dauer der Stundung zuvor die Zustimmung der Gemeinde, des Gemeindeverbandes oder des Landes einzuholen hat, falls der zu stundende Steuerbetrag, soweit er auf die einzelne Gemeinde, den einzelnen Gemeindeverband oder das einzelne Land entfällt, eine gewisse Wertgrenze übersteigt. Die Wertgrenze wird von der Landesregierung bestimmt. Sie darf für die Gemeinden und Gemeindeverbände nicht niedriger als einhundert Reichsmark, für das Land nicht niedriger als eintausend Reichsmark sein.

(4) Das Finanzamt kann dem Steuerpflichtigen die Stundung von Realsteuer insoweit nicht versagen, als die Steuer für Rechnung einer Gemeinde oder eines Gemeindeverbandes erhoben wird und die Gemeinde oder der Gemeindeverband sich dem Finanzamt gegenüber mit der Stundung einverstanden erklärt hat.

[1] Ersatz für § 105 Abs. 2, sobald dessen Streichung in Kraft tritt (s. Tabellarische Übersicht). Vorläufig gilt noch alter

§ 105 Abs. 2 und für die Verzinsung Art. I der Vdg. v. 21. 1. 27 (RGBl. I S. 50): Stundungszinsfuß ist 5 v. H jährlich, wenn nicht zinslos gestundet ist.

§ 104b.

Bisheriger § 106. Wegen Geltung vgl. Bem. zu § 104a.

§ 108. (1) [1]Der Reichsminister der Finanzen kann für einzelne Fälle (auch für eine Mehrheit von einzelnen Fällen, wie bei Unwetterschäden oder sonstigen Notständen) Reichssteuern, deren Einziehung nach Lage des einzelnen Falles unbillig wäre, ganz oder zum Teil erlassen oder in solchen Fällen die Erstattung oder Anrechnung bereits entrichteter Reichssteuern verfügen. Für Steuern, die nicht Reichssteuern sind, stehen, soweit die Länder nichts anderes vorschreiben, die im Satze 1 bezeichneten Befugnisse den öffentlich-rechtlichen Körperschaften zu, für deren Rechnung die Steuern erhoben werden; werden derartige Steuern für Rechnung eines Landes erhoben und ist die Erhebung den Finanzämtern und Landesfinanzämtern übertragen, so übt die oberste Landesbehörde die im Satze 1 bezeichneten Befugnisse aus. Die Befugnisse, die sich aus den Sätzen 1 und 2 ergeben, können den Landesfinanzämtern oder den Finanzämtern übertragen werden[2].

(2) [1]Für bestimmte Arten von Fällen kann der Reichsminister der Finanzen mit Zustimmung des Reichsrats aus Billigkeitsgründen allgemein anordnen[3], daß abweichend von den Vorschriften des Reichsrechts

1. von Reichssteuern Befreiung gewährt wird oder die Steuern niedriger festgesetzt werden;
2. von Realsteuern Befreiung gewährt wird oder die

Steuermeßbeträge für die Gewerbesteuer niedriger festgesetzt werden;

3. die Besteuerungsgrundlagen für die Besteuerung nach dem Einkommen, dem Ertrage, dem Vermögen oder dem Umsatz[4] niedriger festgestellt werden.

[1] Unterschied zwischen Abs. 1 und 2: Abs. 1 betrifft konkrete Einzelfälle, Abs. 2 dagegen die Befugnis zur Aufstellung abstrakter und allgemein gültiger Ausnahmegrundsätze. Anordnungen nach Abs. 2 werden im RGBl., im RMinBl. oder im Reichsanzeiger verkündet (vgl. EntwBegr.).

[2] Zurzeit gilt noch die Regelung durch Erlaß des RFM. v. 19. 2. 27 III a 555: FA. befugt zur Entscheidung über Anträge auf Erlaß, Anrechnung und Erstattung von Steuern, Zuschlägen und Zinsen bis zu 2000 RM., LFA. bis zu 4000 RM. LFA. ferner befugt zum Erlaß von Strafen einschl. Kosten und Erzwingungsstrafen bis zu 1000 RM.

[3] Anordnung muß in Form der Rechtsverordnung ergehen; die Finanzgerichte können die Rechtsgültigkeit nachprüfen.

[4] Über Begriff dieser Steuern s. Anm. 1 zu § 25.

§ 161a. Wer nach anderen Gesetzen als den Steuergesetzen Bücher und Aufzeichnungen zu führen hat, die für die Besteuerung von Bedeutung sind, hat die Verpflichtungen, die ihm nach den anderen Gesetzen obliegen, auch im Interesse der Besteuerung zu erfüllen.

Nichtbefolgung dieser Vorschriften kann nach der Neufassung des § 377 nicht mehr mit Ordnungsstrafe geahndet werden.

§ 161b. (1) Außer denen, die unter die Vorschrift des § 161a fallen, sind die folgenden Unternehmer und Unternehmen[1] zur Führung von Büchern oder Aufzeichnungen nach näherer Maßgabe der folgenden Vorschriften verpflichtet;

1. Für Zwecke der Besteuerung nach dem Einkommen, dem Ertrag und dem Vermögen[2] sind die Unternehmer und Unternehmen, die nach den bei der letzten Veranlagung getroffenen Feststellungen entweder
   a) Gesamtumsatz (einschließlich des steuerfreien Umsatzes) von mehr als 200 000 Reichsmark oder
   b) Betriebsvermögen von mehr als 50 000 Reichsmark oder
   c) landwirtschaftliches, forstwirtschaftliches und gärtnerisches Vermögen von mehr als 100 000 Reichsmark oder
   d) Gewerbeertrag von mehr als 6 000 Reichsmark oder
   e) Reineinkünfte aus Land- und Forstwirtschaft von mehr als 6 000 Reichsmark

   gehabt haben, verpflichtet, Bücher zu führen und auf Grund jährlicher Bestandsaufnahmen regelmäßig Abschlüsse zu machen.
2. Für Zwecke der Umsatzsteuer sind die nach dem Umsatzsteuergesetze steuerpflichtigen Unternehmer und Unternehmen verpflichtet, zur Feststellung der Entgelte Aufzeichnungen zu machen. Aus den Aufzeichnungen muß zu ersehen sein, wie sich die Entgelte auf die Umsätze, für welche verschiedene Steuersätze bestehen, verteilen. Der Reichsminister der Finanzen trifft hierüber mit Zustimmung des Reichsrats nähere Bestimmungen; sie treten außer Kraft, wenn der Reichstag es verlangt.

(2) Das Finanzamt ist berechtigt, unter Abweichung von den Vorschriften des Abs. 1 für einzelne Fälle Erleichterungen zu bewilligen. Eine solche Bewilligung

kann jederzeit zurückgenommen werden, auch wenn dies bei der Bewilligung nicht vorbehalten worden ist.

Nichtbeachtung ohne strafrechtliche Folgen; vgl. Bem. zu § 161 a.

[1] Steuerpflichtige, die nicht Unternehmer sind, fallen nicht unter § 161 b.

[2] Über den Begriff dieser Steuern s. Anm. 1 zu § 25.

§ 162. (1) Wer nach den Vorschriften der §§ 161a, 161b oder sonst nach den Steuergesetzen Bücher zu führen oder Aufzeichnungen zu machen hat, soll die folgenden Vorschriften beachten.

Abs. 2—10 wie bisher.

§ 168. (1) Bei Steuererklärungen (Erklärungen, die nach Vorschrift der Gesetze oder Ausführungsbestimmungen als Unterlage für die Feststellung von Besteuerungsgrundlagen oder für die Festsetzung einer Steuer dienen) hat der Steuerpflichtige zu versichern, daß er die Angaben nach bestem Wissen und Gewissen gemacht hat. Die Erklärungen sind nach Form und Inhalt so abzugeben, wie es das Finanzamt nach den Gesetzen und Ausführungsbestimmungen vorschreibt. Die Versicherung kann nach Anordnung des Finanzamts allgemein abgegeben werden. Bei Zöllen und Verbrauchssteuern kann von ihrer Abgabe abgesehen werden.

Abs. 2, 3 wie bisher.

§ 170. (1) Die Steuerpflichtigen können die Steuererklärungen schriftlich einreichen oder mündlich vor dem Finanzamt abgeben.

(2) Wenn sie die Frist nicht wahren, kann ihnen das Finanzamt einen Zuschlag bis zu zehn vom Hundert der endgültig festgesetzten Steuer[1] auferlegen. Das

Finanzamt hat den Zuschlag zu unterlassen oder zurückzunehmen, wenn die Versäumnis entschuldbar erscheint.

(Änderung besteht nur in Streichung der Worte „zugunsten des Reichs").

[1] Das ist der ganze bei der Veranlagung festgesetzte Steuerbetrag, nicht nur etwaige Abschlußzahlungen (E. Bd. 20 S. 161).

§ 191. Abs. 1, 2 wie bisher.

(3) Wenn in einem Rechtsmittelverfahren, das die Feststellung eines Einheitswerts betrifft, eine Behörde oder ein Beamter eines Landes, einer Gemeinde oder eines Gemeindeverbandes auf Ersuchen einer Behörde der Reichsfinanzverwaltung Ermittlungen an Ort und Stelle (zum Beispiel Vermessungen) vornimmt, so vergütet das Reich dem Lande, der Gemeinde oder dem Gemeindeverband den vierten Teil der Auslagen, die durch die örtlichen Ermittlungen entstehen[1]. Im übrigen ist das Reich nicht zum Ersatze von Kosten verpflichtet, die dadurch entstehen, daß Behörden oder Beamte der Länder, Gemeinden oder Gemeindeverbände am Bewertungsgeschäft mitwirken.

Abs. 3 beseitigt die Zweifel in der Auslegung des bish. § 86 Abs. 2 Nr. 3 RBewG. über die Kostentragungspflicht des Reichs.

[1] Von dem unterliegenden Pflichtigen im Rechtsmittelverfahren werden nach § 290 Abs. 1 Nr. 6 die Auslagen in voller Höhe eingezogen und unter Anrechnung einer evtl. Vergütung nach § 191 Abs. 3 an das Land usw. abgeführt.

§ 196. (1) Für Zwecke der Besteuerung kann das Finanzamt auch außerhalb eines Steuerermittlungsverfahrens Nachschau halten bei solchen Unternehmern und in solchen Unternehmen, die entweder einer Steuer oder der Steueraufsicht unterliegen oder bei denen

nach dem Ermessen des Finanzamts eine Steuerpflicht in Betracht kommt; der Nachschau unterliegen ferner Gebäude, befriedete Besitztümer und Schiffe, sofern der dringende Verdacht besteht, daß sich darin Schmuggler oder Schmuggelwaren befinden. Die Ausführungsbestimmungen ordnen an, zu welchen Zeiten die Nachschau stattfinden darf und welche Befugnisse den Beamten im einzelnen zustehen. Zeitliche Beschränkungen der Nachschau fallen weg, wenn Gefahr im Verzuge liegt.

(2) Es dürfen keine Einrichtungen getroffen werden, die die Ausführung der Aufsicht hindern oder erschweren.

Die Neufassung des Abs. 1 bringt die Ausdehnung der Nachschaubefugnis auf alle Steuern vom Einkommen, Ertrag, Vermögen und Umsatz (über Begriff dieser Steuern s. Anm. 1 zu § 25). Erläuterungen gibt Erlaß des RFM. v. 22. 12. 30, RStBl. S. 823.

§ 199a.

Das ist der bisherige § 366 unverändert. Er ist aus den Strafvorschriften herausgenommen worden zur Klarstellung, daß es sich bei dem Verbot des § 366 um keine Strafmaßnahme, sondern um eine nur im steuerbehördlichen Instanzenzug anfechtbare Maßnahme der Steueraufsicht handelt.

§ 201a. (1) Die Finanzämter haben darüber zu wachen, ob durch Steuerflucht oder in sonstiger Weise Steuereinnahmen zu Unrecht verkürzt werden.

(2) In Ausübung dieser Steueraufsicht können die Finanzämter verlangen, daß eidesstattliche Versicherungen abgegeben werden[1].

(3) Hierbei finden die Vorschriften, die für eidesstattliche Versicherungen im Steuerermittlungsver-

fahren gelten, entsprechende Anwendung[2] mit folgenden Ergänzungen:

1. Eidesstattliche Versicherungen kann das Finanzamt auch außerhalb eines Steuerermittlungsverfahrens verlangen.
2. Eidesstattliche Versicherungen kann das Finanzamt nur von den Steuerpflichtigen (§ 79 Abs. 1, 2) sowie von solchen Personen verlangen, die nach den §§ 84 ff. die Pflichten eines Steuerpflichtigen zu erfüllen haben; von anderen Personen (§§ 177 ff.) können eidesstattliche Versicherungen im Steueraufsichtsverfahren nicht verlangt werden.
3. Eidesstattliche Versicherungen kann das Finanzamt nicht nur dann verlangen, wenn die Steuerpflicht bereits feststeht, sondern auch dann, wenn nach dem Ermessen des Finanzamts eine Steuerpflicht in Betracht kommt.
4. § 209 Abs. 2 findet keine Anwendung.
5. Wird eine vom Finanzamt verlangte Versicherung an Eides Statt verweigert, so hat das Finanzamt (erforderlichenfalls unter Mitwirkung des Steuerausschusses) nach pflichtmäßigem Ermessen zu entscheiden, welche Schlüsse aus der Verweigerung zu ziehen sind (§ 210e Abs. 2 Satz 1). Falls nicht besondere Umstände zu einer anderen Würdigung führen, ist anzunehmen, daß die Behauptung, über welche die eidesstattliche Versicherung verweigert worden ist, nicht zutrifft.
6. Auf Grund der Schlüsse, die aus der Verweigerung der eidesstattlichen Versicherung gezogen werden, sind die bisherigen Steuerfestsetzungen zu berichtigen. Die Berichtigungen (Berichtigungsveranlagungen, Berichtigungsfeststellungen) sind bis

zum Ablauf der Verjährungsfrist, im übrigen uneingeschränkt[3] zulässig.

[1] Ausdehnung der Befugnis des FA. zur Auferlegung eidesstattlicher Versicherungen auf die Steueraufsicht! Wichtig besonders zur Bekämpfung der Kapital- und Steuerflucht und weil bei den internationalen wirtschaftlichen Verflechtungen die im allgemeinen auf das Inland beschränkten Ermittlungsbefugnisse nicht ausreichen. Dementsprechend ist die Befugnis nach § 201 a weniger eingeschränkt als jene nach § 176. Sie ist nicht nur gegeben bei bereits feststehender Steuerpflicht, sondern auch bei Möglichkeit einer Steuerpflicht (§ 201 Abs. 3 Nr. 3, ähnlich § 169 S. 2). Sie ist auch nicht als letztes Aufklärungsmittel gedacht (vgl. Abs. 3 Nr. 4), sondern bereits gegeben, wenn andere Ermittlungsmaßnahmen, z. B. Anfragen im Ausland, zu unsicher oder zu schwierig wären. Erläuterungen gibt Erlaß des RFM. v. 22. 12. 30, RStBl. S. 823.

Für Steuerermittlungsverfahren gilt weiterhin § 176.

[2] Zu beachten daher insbesondere:

a) für Frage, wer außer dem Steuerpflichtigen versicherungspflichtig sein kann, §§ 84 ff.;

b) daß Versicherung nur für behauptete Tatsachen verlangt werden kann;

c) Notwendigkeit der Genehmigung durch das LFA.;

d) für das Verfahren bei Abnahme der Versicherung § 176 Abs. 2;

e) daß die Versicherung nicht erzwingbar ist.

[3] Es gelten also nicht die sonstigen Einengungen, das Erfordernis neuer Tatsachen usw.

§ 210. (1) **Nach Abschluß seiner Ermittlungen setzt das Finanzamt durch Steuerbescheid[1] die Steuer fest. Bei der Gewerbesteuer setzt es durch Veranlagungsbescheid den Steuermeßbetrag fest.**

(2) **Auf die Festsetzung der Steuermeßbeträge finden die für die Festsetzung der Steuern, auf Veranlagungsbescheide über Steuermeßbeträge finden die für**

Steuerbescheide geltenden Vorschriften sinngemäße Anwendung[2].

(3) Für die Steuern vom Einkommen, vom Ertrage, vom Vermögen und vom Umsatz[3] wird der Steuerbescheid schriftlich erteilt[4]. Deckt sich die Umsatzsteuerschuld für den Steuerabschnitt mit den Voranmeldungen und festgesetzten Vorauszahlungen, so genügt eine Mitteilung hierüber[5].

[1] Die AO. unterscheidet künftig:

Steuerbescheide, durch die Steuern zahlenmäßig festgesetzt werden;

Feststellungsbescheide, durch die nur Besteuerungsgrundlagen festgestellt werden (§§ 210a Abs. 2, 210b, 210c, 210h Abs. 2; bei Gewerbesteuer keine gesonderte Feststellung der BestGr. nach § 210a Abs. 1);

Veranlagungsbescheide, durch die bei der Gewerbesteuer (Gewerbe-Ertrags- und Lohnsummensteuer) der Steuermeßbetrag festgesetzt wird.

[2] „Sinngemäße Anwendung", d. h. Anwendung insoweit ausgeschlossen, als Veranlagungsbescheide keine Festsetzung der Steuer selbst enthalten; zur Anwendung kommen im allgemeinen die Vorschriften über Ermittlung, vorläufige Festsetzung, Berichtigungen und Änderungen von Bescheiden (§ 76), Neufestsetzungen (§§ 212, 214) usw.

[3] Über den Begriff dieser Steuern s. Anm. 1 zu § 25.

[4] Das sind die förmlichen Steuerbescheide im Sinne der §§ 211 Abs. 1, 211a. Für Veranlagungsbescheide bei der Gewerbesteuer ergibt sich das Erfordernis der Schriftlichkeit aus §§ 210 Abs. 2, 211 Abs. 1, für Feststellungsbescheide gilt § 210a Abs. 2.

Inwieweit er sonst (insbes. bei Verkehrsteuern) schriftlich sein muß, richtet sich nach den einzelnen Steuergesetzen.

[5] Bisher § 18 Abs. 1 UStG. Die Mitteilung setzt auch beim Fehlen einer Rechtsmittelbelehrung die Rechtsmittelfrist in Lauf und ist der formellen Rechtskraft fähig (E. Bd. 25 S. 113).

§ 210a. (1) Die Feststellung der Besteuerungsgrundlagen bildet regelmäßig einen unselbständigen (mit Rechtsmitteln nicht selbständig anfechtbaren) Teil des Steuerbescheids.

(2) In den Fällen der §§ 210b, 210c (nach näherer Maßgabe des § 210h Abs. 1 Nr. 2 auch in anderen Fällen) werden die Besteuerungsgrundlagen gesondert festgestellt. Hierüber wird ein schriftlicher Feststellungsbescheid erteilt, sofern nicht die Feststellungen offengelegt werden (§ 210i). Die gesonderte Feststellung bildet, auch wenn sie mit der Steuerfestsetzung in einem Bescheide vereinigt ist, eine selbständige (mit Rechtsmitteln selbständig anfechtbare) Entscheidung.

Regelung entspricht dem bisherigen Rechtszustand. Abs. 2 ist nur eine Wiederholung dessen, was bisher bereits nach RBewGes. und §§ 65—67 EinkStG. galt.

§ 210b. Gesondert festgestellt werden die der Besteuerung zugrunde zu legenden Einheitswerte für die folgenden Gegenstände:

1. Für die wirtschaftlichen Einheiten (landwirtschaftliche, forstwirtschaftliche, gärtnerische und gewerbliche Betriebe; Grundstücke, die nicht zu einem gewerblichen Betriebe gehören; grundstücksgleiche Berechtigungen zur Gewinnung von Mineralien — Mineralgewinnungsrechte —, die nicht zu einem gewerblichen Betriebe gehören), sofern die wirtschaftlichen Einheiten entweder
   a) sich lediglich auf Inland erstrecken oder
   b) sich sowohl auf Inland als auch auf Ausland erstrecken und einem unbeschränkt Vermögensteuerpflichtigen gehören.
2. Für die wirtschaftlichen Untereinheiten (Grundstücke, die zu einem gewerblichen Betriebe gehören

— Betriebsgrundstücke —; grundstücksgleiche Berechtigungen zur Gewinnung von Mineralien — Mineralgewinnungsrechte —, die zu einem gewerblichen Betriebe gehören), sofern die wirtschaftlichen Untereinheiten entweder

a) sich lediglich auf Inland erstrecken oder

b) sich sowohl auf Inland als auch auf Ausland erstrecken und einem unbeschränkt Vermögensteuerpflichtigen gehören.

3. Für Teile der in Nr. 1, 2 bezeichneten wirtschaftlichen Einheiten und Untereinheiten in folgenden Fällen:

a) Wenn eine wirtschaftliche Einheit oder Untereinheit sich sowohl auf Inland als auch auf Ausland erstreckt, so wird der Einheitswert des inländischen Teils gesondert festgestellt.

b) Wenn eine wirtschaftliche Einheit oder Untereinheit sich auf eine inländische Gemeinde beschränkt und mit einem ihrer Teile einer Einheitswertsteuer unterliegt, so wird für diesen Teil der Einheitswert gesondert festgestellt.

§ 210c. (1) Die im § 210b vorgesehenen gesonderten Feststellungen werden einheitlich getroffen, wenn an dem Gegenstande mehrere beteiligt sind oder wenn die Gebäude oder Betriebsmittel eines landwirtschaftlichen, forstwirtschaftlichen oder gärtnerischen Betriebs nicht sämtlich dem Eigentümer des Grund und Bodens gehören.

(2) Ferner werden einheitlich und gesondert festgestellt:

die einkommensteuerpflichtigen und körperschaftsteuerpflichtigen Reineinkünfte (der Gewinn oder der Überschuß der Einnahmen über die Ausgaben)

1. aus Land- und Forstwirtschaft,
2. aus Gewerbebetrieb,
3. aus sonstiger selbständiger Berufstätigkeit,
4. aus Vermietung und Verpachtung unbeweglichen Vermögens,

wenn an den Reineinkünften mehrere beteiligt sind.

(3) Die Vorschriften des Abs. 2 finden keine Anwendung, wenn das unbewegliche Vermögen (Abs. 2 Nr. 1, 4) weder im Inland belegen noch in ein inländisches öffentliches Buch oder Register eingetragen ist oder wenn die Gesellschaft oder die Gemeinschaft (Abs. 2 Nr. 2) weder ihren Sitz noch den Ort der Leitung im Inland hat. Auch sonst kann von der Anwendung des Abs. 2 abgesehen werden, wenn es sich um Fälle von geringerer Bedeutung handelt.

(4) In den nach Abs. 1, 2 ergehenden Feststellungsbescheiden ist auch eine Feststellung darüber zu treffen, wer an dem festgestellten Betrage beteiligt ist und wie der festgestellte Betrag sich auf die einzelnen Beteiligten verteilt. Ist eine solche Feststellung unterblieben, so ist sie in einem Ergänzungsbescheide nachzuholen.

§ 210d. (1) Soweit es sich um eine Realsteuer handelt, hindert eine auf Landesrecht beruhende Steuerbefreiung weder die Feststellung der Besteuerungsgrundlage noch die Festsetzung des Steuermeßbetrages[1].

(2) Wird die Besteuerungsgrundlage festgestellt oder der Steuermeßbetrag festgesetzt, so wird damit der Entscheidung der Frage nicht vorgegriffen, ob auf Grund des Landesrechts Steuerbefreiung Platz greift. Diese Frage kann nur durch Rechtsmittel zum Austrag gebracht werden, die sich gegen die Festsetzung der Steuer (die Festsetzung des zu entrichtenden Steuerbetrages) richten.

[1] Zweck der Vorschrift nach EntwBegr.: Herbeiführung einer Entscheidung, wenn die Anwendbarkeit einer landesrechtlichen Befreiungsbestimmung von irgendeiner Seite (z. B. einer beteiligten Gemeinde) in Zweifel gezogen wird; Berücksichtigung sonstiger Interessen, z. B. wenn ein Steuergegenstand sich über mehrere Länder mit verschiedenartigen Befreiungsvorschriften erstreckt.

§ 210e. (1) Soweit das Finanzamt die Besteuerungsgrundlagen (einschließlich solcher Besteuerungsgrundlagen, für die eine gesonderte Feststellung nicht vorgeschrieben ist) nicht ermitteln oder berechnen kann, hat es sie zu schätzen. Dabei sind alle Umstände zu berücksichtigen, die für die Schätzung von Bedeutung sind.

(2) Zu schätzen ist insbesondere dann, wenn der Steuerpflichtige über seine Angaben keine ausreichenden Aufklärungen zu geben vermag oder weitere Auskunft oder eine Versicherung an Eides Statt verweigert. Das gleiche gilt, wenn der Steuerpflichtige Bücher oder Aufzeichnungen, die er nach den Steuergesetzen zu führen hat, nicht vorlegen kann oder wenn die Bücher oder Aufzeichnungen unvollständig oder formell oder sachlich unrichtig sind.

Neufassung der Schätzungsvorschriften des bisherigen § 210. Wichtig ist die Beseitigung des bisherigen § 210 Abs. 3, der unter gewissen Voraussetzungen eine Beschränkung des Rechtsmittelzugs vorsah. Über den Zeitpunkt des Inkrafttretens der Änderung s. Bem. zu § 4 des „Gesamtplans".

§ 210f. (1) Auf Feststellungsbescheide, die nach §§ 210b, 210c ergehen, finden die für Steuerbescheide geltenden Vorschriften sinngemäße Anwendung[1].

(2) Die Feststellungen, die in den Feststellungsbescheiden getroffen worden sind, werden den Steuerbescheiden zugrunde gelegt, auch wenn die Feststellungsbescheide noch nicht unanfechtbar geworden sind.

(3) Ferner wird der Einheitswert, der für ein Betriebsgrundstück oder für ein zu einem gewerblichen Betrieb gehörendes Mineralgewinnungsrecht festgestellt worden ist, dem Feststellungsbescheide zugrunde gelegt, durch den der Einheitswert des gewerblichen Betriebes festgestellt wird. Dies gilt auch dann, wenn der Feststellungsbescheid, durch den für das Betriebsgrundstück oder für das Mineralgewinnungsrecht der Einheitswert festgestellt worden ist, noch nicht unanfechtbar geworden ist.

(4) Ist ein Feststellungsbescheid durch Rechtsmittelentscheidung, oder durch Berichtigungsfeststellung geändert worden, so werden Bescheide (Steuerbescheide, Veranlagungsbescheide, Feststellungsbescheide), die auf dem bisherigen Feststellungsbescheide beruhen, von Amts wegen durch neue Bescheide ersetzt, die der Änderung des Feststellungsbescheids Rechnung tragen[2]. Dies gilt auch dann, wenn ein zu ersetzender Bescheid bereits unanfechtbar geworden war. Mit dem Erlasse der neuen Bescheide kann gewartet werden, bis die Rechtsmittelentscheidung oder Berichtigungsfeststellung, die den bisherigen Feststellungsbescheid ändert, unanfechtbar geworden ist.

[1] Über sinngemäße „Anwendung" vgl. Anm. 2 zu § 210.

[2] Inwieweit Änderungen von Feststellungsbescheiden, die nicht auf einer formellen Berichtigungsfeststellung beruhen, auf den Steuerbescheid einwirken, ist den entsprechenden Vorschriften der Realsteuerrahmengesetze zu entnehmen (so EntwBegr.). Berichtigungen des Feststellungsbescheids nach § 76 Abs. 3 können unter Umständen ohne weiteres auf den Steuerbescheid einwirken.

§ 210g. (1) Ein einheitlicher Feststellungsbescheid, der nach § 210c erlassen wird, richtet sich gegen alle Personen, die an dem Betrieb, an dem Grundstück, an dem Betriebsgrundstück oder an dem Mineralgewinnungsrecht, in den Fällen des § 210c Abs. 2 an den Reineinkünften beteiligt sind[1]. Die Gesellschafter solcher Gesellschaften, die aus mehr als drei Gesellschaftern bestehen, haben dem Finanzamt einen im Inland wohnenden Vertreter zu benennen, der ermächtigt ist, für die sämtlichen Gesellschafter die im § 210c vorgesehenen Feststellungsbescheide, die dazu ergehenden Rechtsmittelentscheidungen sowie die mit dem Feststellungs- oder Rechtsmittelverfahren zusammenhängenden sonstigen Verfügungen und Mitteilungen der Finanzbehörden in Empfang zu nehmen. Solange die Gesellschafter einen solchen Vertreter dem Finanzamt nicht benannt haben, sind die Finanzbehörden berechtigt, die im § 210c vorgesehenen Feststellungsbescheide, die dazu ergehenden Rechtsmittelentscheidungen sowie die mit dem Feststellungs- oder Rechtsmittelverfahren zusammenhängenden sonstigen Verfügungen und Mitteilungen einem der Gesellschafter zugehen zu lassen mit Wirkung für und gegen alle Gesellschafter; auf diese Wirkung ist in dem Feststellungsbescheide, der Rechtsmittelentscheidung oder sonstigen Verfügung oder Mitteilung hinzuweisen. Die Vorschriften, die in den Sätzen 2 und 3 für Gesellschaften getroffen sind, gelten entsprechend für Gemeinschaften.

(2) Wird ein Feststellungsbescheid (§§ 210b, 210c) über einen Gegenstand (Betrieb, Grundstück, Betriebsgrundstück oder Mineralgewinnungsrecht) erlassen, für den nach dem Feststellungszeitpunkt oder nach dem Ablauf des Steuerabschnitts eine Rechtsnachfolge (einschließlich der Nachfolge im Besitz) eingetreten ist, so richtet sich der Feststellungsbescheid auch gegen den Rechtsnachfolger insoweit, als nach den Vorschriften

der Steuergesetze die Feststellung für den Rechtsnachfolger von Bedeutung ist[2]. Ist die Rechtsnachfolge eingetreten, nachdem der Feststellungsbescheid dem Rechtsvorgänger bekanntgegeben (zugestellt) worden ist, so wirkt die Bekanntgabe (die Zustellung) an den Rechtsvorgänger auch gegen den Rechtsnachfolger[3].

(3) Wer für eine Steuer, die ein anderer schuldet, entweder persönlich oder mit den von ihm verwalteten Mitteln haftet, muß einen Feststellungsbescheid, der gegen den Steuerschuldner ergangen ist, auch dann gegen sich gelten lassen, wenn er nicht Rechtsnachfolger des Steuerschuldners ist.

[1] Zum Wirksamwerden ist er aber — von den Fällen der Offenlegung abgesehen — allen Beteiligten ordnungsmäßig bekanntzugeben (§§ 73 Abs. 1, 210f Abs. 1, 211 Abs. 2), falls nicht etwa ein Beteiligter gleichzeitig Vertreter eines anderen Beteiligten ist.

[2] Daraus folgt nach EntwBegr., daß zur Wirksamkeit gegen den Rechtsnachfolger die Bekanntgabe an diesen erforderlich ist (von den Fällen der Offenlegung abgesehen), andernfalls die Rechtsmittelfrist gegen ihn nicht läuft und er nachträgliche Bekanntgabe zum Zwecke eventueller Rechtsmitteleinlegung verlangen kann.

[3] Die dem Vorgänger gegenüber unanfechtbar getroffene Feststellung ruht nach EntwBegr. gewissermaßen wie eine öffentliche Last auf dem Grundstück, die der Rechtsnachfolger ohne weiteres mit übernimmt.

Bei Eintritt der Rechtsnachfolge vor Ablauf der Rechtsmittelfrist kann gemäß § 225b Abs. 1 der Rechtsnachfolger den Feststellungsbescheid innerhalb der gegen den Vorgänger laufenden Rechtsmittelfrist anfechten.

§ 210h. (1) Der Reichsminister der Finanzen kann Bestimmungen treffen über:

1. Zusammenfassung und Vereinheitlichung von Bescheiden (Steuerbescheiden, Feststellungsbescheiden,

Veranlagungsbescheiden, Zerlegungsbescheiden), die denselben Steuerpflichtigen betreffen[1]. Dabei ist anzustreben, daß die Zahl der Bescheide, die ein Steuerpflichtiger im Laufe eines Jahres erhält, möglichst herabgemindert wird.

2. Einschränkungen und Erweiterungen der §§ 210b und 210c. Zum Beispiel kann die Feststellung der Besteuerungsgrundlagen für die Gewerbesteuer, ferner die Feststellung des umsatzsteuerpflichtigen Umsatzes und insoweit, als nicht bereits die Vorschriften des § 210c Abs. 2 Platz greifen, die Feststellung der einkommensteuerpflichtigen und körperschaftsteuerpflichtigen Reineinkünfte für solche Fälle vorgesehen werden, in denen der Erlaß eines Feststellungsbescheids (insbesondere wegen des Zusammenhanges mit der Feststellung des gewerbesteuerpflichtigen Gewerbeertrags) zu einer Vereinfachung des Verfahrens führt.

3. Zulässigkeit und Rechtswirkungen von Vereinbarungen[2] und vereinbarungsähnlichen Rechtsformen[3] im Besteuerungsverfahren. Vereinbarungen können nur für solche Fälle zugelassen werden, in denen die Vereinbarungen die Besteuerung vereinfachen und das steuerliche Ergebnis bei dem Steuerpflichtigen nicht wesentlich ändern[4]; entsprechendes gilt für vereinbarungsähnliche Rechtsformen. Sondervorschriften, die in Steuergesetzen enthalten sind, bleiben unberührt.

4. Das Verfahren in den Fällen der Nr. 2 und 3.

(2) Zu Bestimmungen der im Abs. 1 Nr. 2 bis 4 bezeichneten Art ist die Zustimmung des Reichsrats erforderlich.

[1] Sogenannter Einheitssteuerbescheid, eine Forderung des Publikums wie der Praxis.

[2] Die baldige gesetzliche Festlegung der Zulässigkeit derartiger für die Überwindung unlösbarer Feststellungsschwierigkeiten unentbehrlicher Vereinbarungen ist bei dem Schwanken der Rechtsprechung geboten. (Vgl. Bem. zu § 233 in 2. Aufl.)

[3] Hier ist an ein der Unterwerfungsverhandlung im Strafverfahren (§ 410) analoges Verfahren gedacht (EntwBegr.).

[4] Daraus ergibt sich als das Wesen der Vereinbarungen, daß sie nicht etwa Verzichte auf fiskalische Ansprüche enthalten dürfen; das würde einem Erlaß gleichkommen, wofür aber § 108 gegeben ist. Die Vereinbarung soll nur dazu dienen, allzu große Schwierigkeiten oder Kosten von Feststellungen zu sparen. Wichtig ist dies besonders für Schätzungen aller Art.

§ 210i. (1) Die Einheitswerte der landwirtschaftlichen, forstwirtschaftlichen und gärtnerischen Betriebe, der Grundstücke und der Betriebsgrundstücke werden offengelegt.

(2) Die offengelegten Einheitswerte werden den Beteiligten nicht besonders bekanntgegeben. Mit dem Ablauf der Offenlegungsfrist treten die gleichen Rechtswirkungen ein, wie wenn am letzten Tage der Offenlegungsfrist ein schriftlicher Feststellungsbescheid den Beteiligten zugestellt worden wäre.

(3) Die näheren Bestimmungen, insbesondere über das Verfahren bei der Offenlegung und über die Rechtswirkungen der Offenlegung, trifft der Reichsminister der Finanzen mit Zustimmung des Reichsrats.

§ 211a.

Das ist der bisherige § 220 Abs. 1. Die Vorschrift wird aus systematischen Gründen hinter § 211 eingefügt (§ 211: Förmliche Steuerbescheide. § 211a: Nicht förmliche Steuerbescheide).

§ 212. (1) Hat bei Steuern, bei denen die Verjährungsfrist mehr als ein Jahr beträgt, das Finanzamt nach Prüfung des Sachverhalts einen besonderen, im Gesetze selber vorgesehenen schriftlichen[1] Bescheid (Steuerbescheid, Veranlagungsbescheid, Freistellungsbescheid oder Feststellungsbescheid) erteilt, so findet, soweit nichts anderes vorgeschrieben ist, eine Änderung des Bescheids (eine Berichtigungsveranlagung oder eine Berichtigungsfeststellung)[2] nur statt:

1. wenn neue Tatsachen oder Beweismittel bekannt werden, die eine höhere Veranlagung rechtfertigen, und die Verjährungsfrist noch nicht abgelaufen ist;
2. wenn durch eine Buch- oder Betriebsprüfung vor dem Ablauf der Verjährungsfrist neue Tatsachen oder Beweismittel bekannt werden, die eine niedrigere Veranlagung rechtfertigen[3];
3. wenn bei einer Nachprüfung durch die Aufsichtsbehörde Fehler aufgedeckt werden, deren Berichtigung eine höhere Veranlagung rechtfertigt, und die Verjährungsfrist noch nicht abgelaufen ist; dies gilt nicht für die Steuern vom Einkommen, vom Ertrage, vom Umsatz und vom Vermögen[4] (ausschließlich der Erbschaftssteuer);
4. wenn bei einer Nachprüfung durch die Aufsichtsbehörde vor dem Ablauf der Verjährungsfrist Fehler aufgedeckt werden, deren Berichtigung eine niedrigere Veranlagung rechtfertigt[3].

(2) Eine Berichtigungsveranlagung oder eine Berichtigungsfeststellung darf nicht auf eine nach Entstehung des Steueranspruchs erlassene Entscheidung des Reichsfinanzhofs gegründet werden, in der eine Rechtsfrage im Gegensatze zu einer früheren, einen gleichen Sachverhalt betreffenden höchstrichterlichen Entscheidung entschieden wird.

[1] Hierüber vgl. Anm. 4 zu § 210.

[2] In Zukunft wird von Berichtigungsveranlagung usw. gesprochen, wenn es sich um Richtigstellung eines im Zeitpunkt des Erlasses unrichtigen Bescheides handelt (§§ 212—214), von Neuveranlagung usw. dagegen dann, wenn wegen nachträglich eingetretener Umstände der ursprüngliche Bescheid auf Grund besonderer gesetzlicher Vorschrift geändert wird (z.B. §§ 5, 75 RBewG., § 12 VermStG.).

[3] Gegen Ablehnung des Berichtigungsantrags ist gemäß § 223 Nr. 2 das Berufungsverfahren gegeben. Die Vorschriften Nr. 2 und 4 sind neu, daher nur anwendbar, wenn die Berichtigungsvoraussetzungen vor 1. 1. 31 eingetreten sind.

Hinsichtlich des Einflusses der Verjährungsfrist beachte den verschiedenen Wortlaut der Nr. 1 und 2! Bei Nr. 1 muß der Berichtigungsbescheid selbst, bei Nr. 2 nur der Eintritt der Berichtigungsvoraussetzungen innerhalb der Verjährungsfrist liegen. Der gleiche Unterschied besteht zwischen Nr. 3 und 4.

„Veranlagung" in Nr. 1—4 hat weitesten Sinn.

[4] Wegen des Begriffs dieser Steuern s. Anm. 1 zu § 25.

§ 212a. Nachforderungen von Steuern sind, soweit nicht die Vorschriften des § 212 Platz greifen oder sonst etwas Abweichendes vorgeschrieben ist, bis zum Ablauf der Verjährungsfrist zulässig.

Das ist in der Hauptsache der bisherige § 212 Abs. 1 und betrifft die Nachforderung in den Fällen, in denen aus irgendeinem Grunde eine an sich gesetzlich begründete Besteuerung (Steuerfestsetzung usw.) zunächst unterblieben ist.

§ 213. Wenn bei einer Nachprüfung durch die Aufsichtsbehörde vor dem Ablauf der Verjährungsfrist Fehler aufgedeckt werden, deren Berichtigung eine Herabsetzung der Steuer rechtfertigt, so ist, soweit nicht die Vorschrift des § 212 Abs. 1 Nr. 4 Platz greift, die Steuerfestsetzung zu berichtigen.

Der Voraussetzungstatbestand des § 213 ist der gleiche wie der des § 212 Abs. 1 Nr. 4. Unterschiede bestehen nur im Geltungsumfang: § 212 gilt nur für Steuern mit mehr als ein Jahr Verjährungsfrist (also nicht für Zölle und Verbrauchssteuern, § 121); § 213 bezieht sich nur auf Festsetzung von Steuerzahlungen.

§ 214a. (1) Ist ein Steuerpflichtiger zur Vermögensteuer veranlagt worden, die Steuerpflicht[1] aber vor dem Ablauf des Veranlagungszeitraums weggefallen, so hat auf Antrag das Finanzamt durch schriftlichen Bescheid[2] auszusprechen, für die Zeit von wann ab die Steuer nicht mehr zu entrichten ist.

(2) Ist ein Gegenstand zu einer Realsteuer veranlagt worden, die Steuerpflicht[3] des Gegenstandes aber vor dem Ablauf des Veranlagungszeitraumes weggefallen, so hat auf Antrag das Finanzamt durch schriftlichen Bescheid[2] auszusprechen, für die Zeit von wann ab die Steuer nicht mehr zu entrichten ist.

[1] Subjektive Steuerpflicht.

[2] Hiergegen ist das Berufungsverfahren gemäß § 223 Nr. 2 eröffnet.

[3] Objektive Steuerpflicht.

§ 215. (1) Der Reichsminister der Finanzen kann mit Zustimmung des Reichsrats anordnen, daß die Festsetzung, die Erstattung und die Vergütung von Steuern und anderen steuerrechtlichen Geldleistungen unterbleiben, wenn der Betrag, der festzusetzen, zu erstatten oder zu vergüten ist, eine gewisse Grenze voraussichtlich nicht übersteigt.

(2) Der Reichsminister der Finanzen kann mit Zustimmung des Reichsrats Bestimmungen über die Abrundung von Steuern und anderen steuerrechtlichen Geldleistungen treffen.

Vorläufig gelten noch:

Zu Abs. 1: Kleinbetragsverordnung v. 3. 10. 22 (RGBl.

S. 760) mit Abänderungen (RGBl. 1923 I S. 63, 162, 259), geltende Fassung abgedruckt bei Rieberl, AO. 2. Aufl. S. 265; für die Umsatzsteuer gilt § 35 UStAB.

Zu Abs. 2: Abrundungsverordnung v. 31. 10. 23 (RGBl. I S. 1049) mit Änderungen (RGBl. 1923 I S. 1238), geltende Fassung abgedruckt in Rieberl's AO. 2. Aufl. S. 124. Die Bestimmungen der Abrundungsverordnung sind hinsichtlich der Erhebung von Zinsen ersetzt worden durch Ziff. 4 und 5B der sog. Zinsanweisung v. 14. 1. 27 (Sonderdruck, herausgeg. im Reichsfinanzministerium, im Buchhandel erschienen).

§ 217. Gegen Steuerbescheide (§§ 211, 211a), Feststellungsbescheide (§§ 210b, 210c) und Veranlagungsbescheide (§ 210 Abs. 1 Satz 2) ist als Rechtsmittelverfahren gegeben:

1. soweit es sich nicht um Zölle und Verbrauchssteuern handelt: das Berufungsverfahren;
2. soweit es sich um Zölle und Verbrauchssteuern handelt: das Anfechtungsverfahren.

§ 220.

Abs. 1 ist nun § 211a.

Abs. 2 ist gestrichen. Streichung beruht auf Gründen des Systems. Freistellungsbescheide und Auskünfte über Stempelpflicht sind in Wirklichkeit keine Steuerbescheide. Als Ersatz für die Streichung dienen § 223 Nr. 1, 3.

§ 221. (1) Einen Feststellungsbescheid der in den §§ 210b, 210c bezeichneten Art kann der Steuerpflichtige nur deshalb anfechten, weil er sich durch die Höhe der Feststellungen, die über die Besteuerungsgrundlagen getroffen worden sind, oder dadurch beschwert fühlt, daß die Steuerpflicht bejaht oder ein Steuergegenstand zu Unrecht nach den Vorschriften, die für landwirtschaftliche, forstwirtschaftliche oder gärtnerische Betriebe gelten, oder zu Unrecht nach den für gewerbliche Betriebe oder zu Unrecht nach den für Grundstücke geltenden Vorschriften bewertet worden ist. § 210d bleibt unberührt.

(2) Liegen einem Feststellungsbescheid Feststellungen zugrunde, die in einem anderen Feststellungsbescheide getroffen worden sind (§ 210f Abs. 3), so kann jener Feststellungsbescheid nicht mit der Begründung angefochten werden, daß die in dem anderen Feststellungsbescheide getroffenen Feststellungen unzutreffend seien. Dieser Einwand kann nur gegen den anderen Feststellungsbescheid erhoben werden.

§ 221a. (1) Einen Steuerbescheid kann der Steuerpflichtige nur deshalb anfechten, weil er sich entweder

1. durch die Höhe der festgesetzten Steuer oder
2. dadurch beschwert fühlt, daß die Steuerpflicht bejaht worden ist.

Satz 1 Nr. 2 findet insoweit keine Anwendung, als dem Steuerbescheid ein Feststellungsbescheid über die Besteuerungsgrundlage oder ein Veranlagungsbescheid über den Steuermeßbetrag zugrunde liegt; § 210d bleibt unberührt.

(2) Liegen einem Steuerbescheide Feststellungen zugrunde, die in einem Feststellungsbescheide getroffen worden sind (§ 210f Abs. 2), so kann der Steuerbescheid nicht mit der Begründung angefochten werden, daß die in dem Feststellungsbescheide getroffenen Feststellungen unzutreffend seien. Dieser Einwand kann nur gegen den Feststellungsbescheid erhoben werden.

§ 222a. (1) Der Vorsteher des Finanzamts und der Vertreter des Landes (§ 30a Abs. 2) können die ihnen zustehenden Rechtsmittel sowohl zugunsten als auch zuungunsten des Steuerpflichtigen einlegen.

(2) Der Vertreter der Gemeinde (§ 30a Abs. 3) kann die ihm zustehenden Rechtsmittel nur zuungunsten des Steuerpflichtigen einlegen.

§ 223. Die Rechtsmittel der §§ 217 bis 219 sind ferner gegeben:

1. gegen Bescheide, die auf Freistellung von Steuern lauten[1];
2. gegen Bescheide, durch die ein Antrag der in dem § 214a bezeichneten Art oder ein Antrag auf Vornahme einer Neuveranlagung oder Berichtigungsveranlagung, einer Neufeststellung oder Berichtigungsfeststellung ganz oder teilweise abgelehnt wird;
3. gegen schriftliche Auskünfte, die ein Finanzamt über die Stempelpflichtigkeit ausgestellter Urkunden oder vollzogener Geschäfte erteilt[1];
4. gegen Bescheide über Erstattungs- und Vergütungsansprüche, die aus Rechtsgründen zugelassen sind; gegen Bescheide, durch die erstattete oder vergütete Beträge zurückgefordert werden; ferner gegen Bescheide über sonstige Steuervergünstigungen, auf deren Gewährung oder Belassung ein Rechtsanspruch besteht[2];
5. gegen Abrechnungsbescheide (§ 103a).

Nicht anwendbar auf die vor 1. 1. 31 ergangenen Bescheide.

[1] Vgl. Bem. zu dem gestrichenen § 220 Abs. 2 früherer Fassung.

[2] Fälle des § 78. Fassung undeutlich: nur Zurücknahmebescheide gemeint.

§ 224. Gegen andere als die in den §§ 217 bis 223a bezeichneten Verfügungen von Finanzbehörden sowie gegen Steuerbescheide, die sich auf die Anforderung von Steuervorauszahlungen beschränken, ist lediglich die Beschwerde (§ 281) gegeben.

§ 225a[1]. (1) Zur Einlegung von Rechtsmitteln, die einen einheitlichen Feststellungsbescheid der im § 210c Abs. 2 Nr. 2 bezeichneten Art betreffen, sind außer dem Vorsteher des Finanzamtes, dem Vertreter des Landes und dem Vertreter der Gemeinde die folgenden Personen berechtigt:

1. Soweit es sich darum handelt, wer an dem festgestellten Betrage beteiligt ist und wie der festgestellte Betrag sich auf die einzelnen Beteiligten verteilt:
   jeder Gesellschafter oder Gemeinschafter, der durch die Feststellungen über diese Punkte berührt wird.
2. Soweit es sich um einen Punkt handelt, der einen Gesellschafter oder Gemeinschafter für seine Person angeht (zum Beispiel die Höhe von Sondervergütungen oder persönlichen Werbungskosten):
   der Gesellschafter oder Gemeinschafter, der durch die Feststellungen über diesen Punkt berührt wird.
3. Im übrigen:
   nur die zur Geschäftsführung berufenen Gesellschafter oder Gemeinschafter; Gesellschafter oder Gemeinschafter, die nicht zur Geschäftsführung berufen sind, sind auch nicht berechtigt, dem Rechtsmittel beizutreten.

(2) Sind in anderen als den im Abs. 1 bezeichneten Fällen einheitliche Feststellungsbescheide gegen Mitberechtigte ergangen, so ist jeder Mitberechtigte zur Einlegung von Rechtsmitteln befugt.

(3) [2]Mehrere Rechtsmittel gleicher Art, die denselben Betrieb, dasselbe Grundstück, Betriebsgrundstück oder Mineralgewinnungsrecht, in den Fällen des

§ 210c Abs. 2 dieselben Reineinkünfte betreffen, werden verbunden und zur Einlegung von Rechtsmitteln befugte Mitberechtigte, die kein Rechtsmittel eingelegt haben, zu dem Rechtsmittelverfahren von Amts wegen zugezogen. Auch im Rechtsmittelverfahren können nur einheitliche Feststellungen getroffen werden. Die Rechtsmittelentscheidungen richten sich gegen alle Mitberechtigten;[2] § 210g Abs. 1 Sätze 2 bis 4 finden Anwendung.

[1] Hängt, ebenso wie § 225b, eng zusammen mit den Bestimmungen des § 210g Abs. 1, 2; vgl. die Bem. dort.

[2] Diese Vorschrift soll bei einer Mehrheit von Rechtsmitteln die Einheitlichkeit der Entscheidung gewährleisten.

§ 225b[1]. (1) Tritt für einen Betrieb, ein Grundstück, ein Betriebsgrundstück oder ein Mineralgewinnungsrecht, nachdem darüber ein Feststellungsbescheid (§§ 210b, 210c) erlassen worden ist, eine Rechtsnachfolge (einschließlich der Nachfolge im Besitz) ein, während eine Rechtsmittelfrist (Frist zur Einlegung eines Rechtsmittels, das die Feststellung einer Besteuerungsgrundlage betrifft) läuft, so kann auch der Rechtsnachfolger das Rechtsmittel einlegen.

(2) Wenn im Falle des Abs. 1 oder in einem sonstigen Falle der Rechtsvorgänger und der Rechtsnachfolger Rechtsmittel gleicher Art gegen einen Feststellungsbescheid einlegen, so werden die Rechtsmittel verbunden. Legt nur der Rechtsvorgänger Rechtsmittel ein, so wird der Rechtsnachfolger, legt nur der Rechtsnachfolger Rechtsmittel ein, so wird, falls möglich, der Rechtsvorgänger zu dem Rechtsmittelverfahren von Amts wegen zugezogen, wenn sein Interesse durch die Entscheidung berührt wird und die Rechtsmittelbehörde Kenntnis von der Rechtsnachfolge hat. Auch im Rechtsmittelverfahren können nur einheitliche Fest-

stellungen getroffen werden. Die Rechtsmittelentscheidungen richten sich sowohl gegen den Rechtsvorgänger als auch gegen den Rechtsnachfolger.

[1] S. Anm. 1 zu § 225a.

§ 228. Abs. 1, 2 wie bisher.

(3) Sie können die Entscheidung auch zum Nachteil dessen, der das Rechtsmittel gegen die Entscheidung eingelegt hat, ändern, soweit neue Tatsachen oder Beweismittel bekanntgeworden sind, die eine solche Änderung rechtfertigen, oder wenn diese Änderung sich auf eine abweichende rechtliche Beurteilung gründet. Der Reichsfinanzhof ist zu einer derartigen Änderung unter den im Satz 1 bezeichneten Voraussetzungen nur befugt:

1. im Beschlußverfahren,
2. im Rechtsbeschwerdeverfahren, sofern es sich um eine Zollauskunft oder um einen Kontingentbescheid handelt; § 267 bleibt unberührt.

§ 234. (1) Die Rechtsmittel können schriftlich eingereicht oder zu Protokoll erklärt werden. Es genügt, wenn aus dem Schriftstück hervorgeht, wer das Rechtsmittel eingelegt hat. Einlegung durch Telegramm ist zulässig. Die Rechtsmittel sind bei der Geschäftsstelle der Behörde anzubringen, deren Bescheid angefochten wird. Die Anbringung bei der zur Entscheidung berufenen Stelle (Rechtsmittelbehörde) oder einer Vorinstanz genügt; ferner genügt es, wenn ein Rechtsmittel, das sich gegen die Feststellung von Besteuerungsgrundlagen oder gegen die Festsetzung eines Steuermeßbetrags richtet, bei der zur Erteilung des Steuerbescheids zuständigen Stelle angebracht wird. Das Rechtsmittel ist der zuständigen Stelle zu übermitteln.

Die schriftliche Anbringung bei einer anderen Behörde ist unschädlich, wenn das Rechtsmittel rechtzeitig der zur Entscheidung berufenen Stelle oder einer Vorinstanz übermittelt wird. Unrichtige Bezeichnung des Rechtsmittels schadet nicht.

Abs. 2, 3 wie bisher.

§ 234a. (1) Die Entscheidungen, gegen die namens des Reichs, eines Landes, einer Gemeinde oder eines selbständigen Gutsbezirkes ein Rechtsmittel eingelegt werden kann, werden weder diesen Körperschaften noch dem Vorsteher des Finanzamts, dem Vertreter des Landes (§ 30a Abs. 2) oder dem Vertreter der Gemeinde oder des Gutsbezirks (§ 30a Abs. 3) zugestellt, ihnen in der Regel auch nicht sonstwie besonders bekanntgegeben.

(2) Die Frist zur Einlegung der Rechtsmittel endigt für die im Abs. 1 bezeichneten Körperschaften und Personen mit dem Ablauf der für den Steuerpflichtigen laufenden Rechtsmittelfrist.

§ 244. (1) Soweit es sich nicht um Zölle oder Verbrauchsteuern handelt, steht dem Steuerpflichtigen gegen die in den §§ 217, 223 bezeichneten Bescheide der Einspruch[1] zu.

(2) Hat bei den Bescheiden der Steuerausschuß mitgewirkt, so sind zur Einlegung des Einspruchs auch befugt[2]:

1. der Vorsteher des Finanzamts namens des Reichs;
2. der Vertreter des Landes, der bei der Entscheidung des Steuerausschusses mitgewirkt hat oder zur Mitwirkung berechtigt war (§ 30a Abs. 2), namens des Landes;
3. der Vertreter der Gemeinde oder des selbständigen

Gutsbezirkes, der bei der Entscheidung des Steuerausschusses mitgewirkt hat oder zur Mitwirkung berechtigt war (§ 30a Abs. 3), namens der Gemeinde oder des selbständigen Gutsbezirkes.

[1] Der Einspruch ist formell zwar ein Rechtsmittel, und es gelten daher alle auf Rechtsmittel im allgemeinen bezüglichen Verfahrensvorschriften (§§ 225—242). Gleichwohl besteht ein tiefgehender Trennungsstrich zwischen dem Wesen der Einspruchsinstanz einerseits und der höheren finanzrichterlichen Instanz anderseits. Das FA. ist als Vertreter des fiskalischen Steueranspruchs Partei bis zur Rechtsbeschwerdeinstanz, woran seine Befugnis, gleichzeitig die Interessen des Pflichtigen wahrzunehmen, nichts Wesentliches ändert. Schon der allgemeinen Rechtsanschauung entspricht es nicht ganz, die fordernde Behörde als Richterin über das Bestehen des Anspruchs anzusehen. So ist denn das Einspruchsverfahren in der Hauptsache gedacht als ein Verfahren, das dem mit der massenhaften Erledigung von Steuerfällen befaßten FA. im Anfechtungsfalle nochmal Gelegenheit zur eingehenden Nachprüfung und eventuellen Abhilfe geben soll, entsprechend etwa § 282 Abs. 1. Keinesfalls hat das FA. als Einspruchsinstanz eine finanzrichterliche Stellung im eigentlichen Sinne. Das zeigt sich u. a. in der Bindung des Steuerausschusses an Durch- und Ausführungsbestimmungen (§ 30e), in der Befugnis der Dienstaufsichtsbehörde, den FA.-Vorsteher für seine Tätigkeit als Mitglied des Steuerausschusses mit Weisungen zu versehen (E. Bd. 5 S. 7).

[2] Über Rechtsmittelfrist s. § 234a Abs. 2.

§ 244a. (1) Ist namens des Reichs, eines Landes, einer Gemeinde oder eines selbständigen Gutsbezirkes Einspruch eingelegt worden, so teilt das Finanzamt dies dem Steuerpflichtigen mit.

(2) In den Fällen des § 244 Abs. 1, 2 hat auf den Einspruch hin das Finanzamt die Sache erneut zu prüfen. Richtet sich der Einspruch gegen den Bescheid einer Hilfsstelle, so kann diese ihren Bescheid ändern;

tut sie dies nicht, so legt sie die Sache dem Finanzamt zur Entscheidung vor.

(3) Ist wegen einer gleichen oder ähnlichen Streitfrage ein Rechtsmittel in einer höheren Rechtsstufe anhängig, so kann das Finanzamt die Entscheidung über den Einspruch aussetzen, falls der Steuerpflichtige und, sofern bei der Entscheidung der Steuerausschuß mitzuwirken hat, der Vertreter des Landes (§ 30a Abs. 2) und der Vertreter der Gemeinde (§ 30a Abs. 3) zustimmen. Der Aussetzungsbeschluß braucht den Beteiligten nicht bekanntgegeben zu werden. Ein Rechtsmittel gegen den Aussetzungsbeschluß ist nicht gegeben.

II. Berufung.

§ 245. (1) Gegen Bescheide, gegen die nach § 244 Abs. 1 der Einspruch gegeben ist, kann der Steuerpflichtige statt des Einspruchs Berufung einlegen, wenn der Vorsteher des Finanzamts seine Einwilligung hierzu innerhalb der Rechtsmittelfrist erklärt[1]. Wenn der Vorsteher des Finanzamts seine Einwilligung nicht rechtzeitig erteilt, so ist das eingelegte Rechtsmittel als Einspruch zu behandeln.

(2) Gegen Bescheide, gegen die nach § 244 Abs. 2 der Einspruch gegeben ist, können die im § 244 Abs. 2 bezeichneten Personen namens der daselbst genannten Körperschaften statt des Einspruchs Berufung einlegen[2].

[1] Die Einwilligung wird sich auf die Fälle zu beschränken haben, wo der Fall, namentlich in tatsächlicher Hinsicht, völlig geklärt und das Rechtsmittel aussichtslos erscheint, oder wo bei zweifelhaften Rechtsfragen baldig eine finanzrichterliche Entscheidung herbeigeführt werden soll. Zu einem Mißbrauch, der eventuell in einer Abwälzung unbequemer Veranlagungsfälle an die Finanzgerichte bestehen könnte, darf die Vorschrift nach der

gesetzgeberischen Absicht (s. EntwBegr.) keinesfalls führen. Das entspräche auch nicht der Stellung des FA. als Einspruchsinstanz (vgl. Anm. 1 zu § 244).

[2] Die Wahlbefugnis nach Abs. 2 ist an keine Beschränkung gebunden, weil angenommen wird, daß hier mit Rücksicht auf die Person der Rechtsmittelberechtigten Mißbräuche nicht zu befürchten sind.

§ 245a. Hat von den zur Einlegung eines Rechtsmittels Berechtigten einer Einspruch, ein anderer Berufung eingelegt, so ist zunächst über den Einspruch zu entscheiden.

§ 245b. (1) Gegen die Einspruchsentscheidungen des Finanzamts steht dem Steuerpflichtigen die Berufung zu.

(2) Hat bei den Einspruchsentscheidungen der Steuerausschuß mitgewirkt, so können auch die im § 244 Abs. 2 bezeichneten Personen namens der daselbst genannten Körperschaften Berufung einlegen[1].

[1] Über Rechtsmittelfrist s. § 234a Abs. 2.

§ 245c. (1) Ist wegen einer gleichen oder ähnlichen Streitfrage eine Rechtsbeschwerde bei dem Reichsfinanzhof anhängig, so kann der Vorsitzende des Finanzgerichts, sofern nicht wichtige Interessen der Beteiligten entgegenstehen, die Entscheidung über die Berufung aussetzen.

(2) Der Aussetzungsbeschluß ist unter Angabe der Gründe den Beteiligten bekanntzugeben[1].

(3) Binnen zwei Wochen, von der Bekanntgabe des Aussetzungsbeschlusses ab gerechnet[2], kann jeder Beteiligte die Entscheidung des Finanzgerichts[3] beantragen. Gegen die Entscheidung, die das Finanzgericht über die Aussetzung trifft, ist ein Rechtsmittel nicht gegeben.

[1] Zustellung ist zufolge § 73 Abs. 1 nicht erforderlich.

² Nachsichtgewährung bei Fristversäumnis nach § 68 ist zulässig.

³ Die Entscheidung ist nach billigem Ermessen (§ 6) unter Berücksichtigung des in Abs. 1 genannten Gesichtspunkts zu treffen.

§ 245d. (1) Über Berufungen, deren Streitgegenstand keinen höheren Wert hat als einhundert Reichsmark, kann das Finanzgericht, ohne daß eine weitere Aufklärung des Sachverhalts[1] oder eine Stellungnahme zu Rechtsfragen[2] erforderlich ist, nach freiem Ermessen entscheiden[3]. Zur Begründung einer solchen Entscheidung genügt der Hinweis, daß auf Grund dieser Vorschrift nach freiem Ermessen entschieden worden ist[4].

(2) Die Bestimmungen des Abs. 1 finden keine Anwendung, wenn die mit der Berufung angefochtene Entscheidung zuungunsten des Steuerpflichtigen abgeändert wird.

§ 245d ersetzt den mit Wirkung v. 1. 1. 31 an gestrichenen § 48 der 3. StNVdg. unter gleichzeitiger Erhöhung der Wertgrenze auf 100 RM. Über Wertberechnung s. auch Ergänzungen S. 113.

¹ Auch die Mitteilungspflicht des § 249 fällt weg.

² Eine kurze Berührung von Rechtsfragen in der Begründung erscheint gleichwohl wünschenswert, soweit gerade solche Fragen den oder einen der Hauptbeschwerdepunkte bilden; vgl. Anm. 4.

³ FG. wird u. U. prüfen müssen, ob wesentliche Verfahrensmängel vorliegen; es wird solche aber unbeschadet der Entscheidungsbefugnis nach § 245 d heilen können, z. B. durch nachträgliche Mitteilung der Besteuerungsgrundlagen an den Pflichtigen.

⁴ Eine beigefügte kurze sachliche Begründung, die unter Umständen dem Rechtsgefühl des Pflichtigen Rechnung zu tragen geeignet ist, ist mit der Anwendung des § 245 d vereinbar.

Wegen der Tragweite der Vorschrift vgl. im übrigen die Bem. auf S. 818ff. in der 2. Aufl. von Nieberl's AO.

§ 246. Beteiligte im Verfahren über die Berufung sind:

1. wer die Berufung eingelegt hat,
2. das Finanzamt, dessen Entscheidung angefochten wird, sowie der Vertreter des Landes und der Vertreter der Gemeinde oder des selbständigen Gutsbezirks, die bei der angefochtenen Entscheidung mitgewirkt haben oder zur Mitwirkung berechtigt waren (§ 30a Abs. 2, 3),
3. wer nach § 226 als Beteiligter zugezogen wird oder dem Verfahren beigetreten ist.

Nr. 2 ist neu gefaßt.

§ 248. (1) Das Finanzamt, dessen Entscheidung angefochten ist, hat die Berufung mit den Akten und sonstigen Unterlagen dem Gerichte zu übersenden.

(2) Ist namens des Reichs, eines Landes, einer Gemeinde oder eines selbständigen Gutsbezirkes Berufung eingelegt worden, so teilt das Finanzamt dies dem Steuerpflichtigen mit.

Abs. 2 ist neu gefaßt.

§ 250. (1) Im Berufungsverfahren dürfen neue Tatsachen und Beweise vorgebracht werden.

(2) § 210e gilt auch für die Berufung.

§ 251. (1) Der Vorsitzende des Gerichts bereitet die Entscheidung vor. Er kann den Sachverhalt ermitteln und hat dabei die gleichen Befugnisse wie das Gericht.

(2) Ein ehrenamtliches Mitglied des Gerichts kann mit der schriftlichen Begutachtung befaßt werden. Tritt der Vorsitzende einem solchen Gutachten bei, so kann er ohne Zuziehung der Mitglieder über die Berufung vorläufig entscheiden; dies gilt auch dann, wenn auf Grund des § 245d nach freiem Ermessen entschieden

wird. Der vorläufige Bescheid wirkt wie ein Urteil des Gerichts, es sei denn, daß ein Beteiligter binnen zwei Wochen nach der Zustellung des Urteils die Entscheidung des Gerichts beantragt. Wird ein solcher Antrag rechtzeitig gestellt, so gilt der vorläufige Bescheid als nicht ergangen. Über die Zulässigkeit des Antrags ist nach § 236 zu entscheiden.

(3) In der Rechtsmittelbelehrung ist darauf hinzuweisen, daß es den Beteiligten freisteht, entweder Rechtsbeschwerde an den Reichsfinanzhof einzulegen oder die Entscheidung des Gerichts zu beantragen, und daß der vorläufige Bescheid als nicht ergangen gilt, wenn Entscheidung durch das Gericht beantragt wird[1].

Neu Abs. 2 S. 2 Halbs. 2.

[1] Durch die Wahl eines der beiden wahlweise zugelassenen Rechtsbehelfe wird der Gebrauch des anderen endgültig ausgeschlossen (E. Bd. 20 S. 134).

§ 260. (1) Das Gericht beschließt nach einfacher Stimmenmehrheit. Der Vorsitzende stimmt zuletzt. § 30e Abs. 2 Satz 3 gilt entsprechend.

(2) Bei der Beratung und Abstimmung dürfen außer den zur Entscheidung berufenen Mitgliedern nur die beim Landesfinanzamt zur Ausbildung beschäftigten Personen zugegen sein, soweit der Vorsitzende deren Anwesenheit gestattet.

Neu nur „§ 30e Abs. 2 Satz 3" statt „§ 30 Abs. 2 S. 4".

§ 265. Zur Einlegung der Rechtsbeschwerde gegen die Urteile der Finanzgerichte sind auch befugt[1]:

1. der Vorsteher des Finanzamts, das die im Berufungsverfahren angefochtene Entscheidung erlassen hat, namens des Reichs;

2. wenn bei der Entscheidung des Finanzamts, die im Berufungsverfahren angefochten wird, der Steuerausschuß mitgewirkt hat:
   a) der Vertreter des Landes, der bei der Entscheidung des Steuerausschusses mitgewirkt hat oder zur Mitwirkung berechtigt war (§ 30a Abs. 2), namens des Landes;
   b) der Vertreter der Gemeinde oder des selbständigen Gutsbezirkes, der bei der Entscheidung des Steuerausschusses mitgewirkt hat oder zur Mitwirkung berechtigt war (§ 30a Abs. 3), namens der Gemeinde oder des selbständigen Gutsbezirkes.

[1] Über Rechtsmittelfristen s. § 234a Abs. 2.

§ 265a. (1) Gegen Berufungsentscheidungen der Finanzgerichte ist die Rechtsbeschwerde nur dann gegeben, wenn der Wert des Streitgegenstandes höher ist als zweihundert Reichsmark oder wenn das Finanzgericht wegen der grundsätzlichen Bedeutung der Streitsache[1] die Rechtsbeschwerde zugelassen hat.

(2) Gegen eine Entscheidung, durch die das Finanzgericht die Rechtsbeschwerde zugelassen oder einen Antrag auf eine solche Zulassung abgelehnt hat, ist ein Rechtsmittel nicht gegeben. Ist die Zulassung in einem vorläufigen Bescheid (§ 251 Abs. 2) abgelehnt worden, so kann binnen zwei Wochen, von der Bekanntgabe des vorläufigen Bescheids ab gerechnet, die Entscheidung des Finanzgerichts beantragt werden[2].

[1] Grundsätzliche Bedeutung liegt nicht vor, wenn es sich um feststehende Rechtsprechungsgrundsätze handelt und nicht etwa die Besonderheiten des Falles, das Auftauchen neuer wirtschaftlicher Gesichtspunkte (§ 4), gesetzliche Neuerungen oder Ähnliches eine anders geartete Stellungnahme des RFH. in den Bereich der Möglichkeit rücken. Hinzukommen wird müssen, daß es sich

nicht um ganz singuläre Tatbestände handelt, sondern die Wiederholung gleicher oder ähnlicher Fälle mit einiger Wahrscheinlichkeit zu erwarten ist*). Liegen diese Voraussetzungen vor, so wird die Zulassung der Rechtsbeschwerde nicht an der Geringfügigkeit des Streitwerts scheitern dürfen.

[2] Aus dieser Fassung geht hervor, daß das Finanzgericht in jedem Falle gleich bei der Sachentscheidung sich darüber schlüssig machen soll, ob es die Rechtsbeschwerde zulassen will und daß es einen entsprechenden Satz in den Entscheidungstenor aufnehmen soll; bei Zulassung der Rechtsbeschwerde ist außerdem, wie bisher, die Rechtsmittelbelehrung zu erteilen. Bei Fehlen einer entsprechenden ausdrücklichen Entscheidung und der Rechtsmittelbelehrung kann der Antrag auf Zulassung nachträglich gestellt werden; er dürfte dann, weil die Rechtsmittelbelehrung fehlt, an keine Frist gebunden sein; die gegenteilige Anschauung wäre unbillig*).

§ 275a. (1) Richtet sich die Rechtsbeschwerde gegen eine Entscheidung, die das Finanzgericht nach seinem Ermessen getroffen hat (§ 6), so hat der Reichsfinanzhof zu prüfen, ob sich die Entscheidung innerhalb der rechtlichen Grenzen hält, die das Gesetz dem Ermessen zieht.

(2) Ist dies der Fall, so ist zur Entscheidung über Ermessensfragen (§ 6), die die Hauptsache betreffen, der Reichsfinanzhof im Verfahren über eine Rechtsbeschwerde nur dann befugt, wenn er nach Aufhebung der angefochtenen Entscheidung gemäß § 275 Abs. 3 selbst entscheidet.

§ 276.

Die Änderung besteht nur in der Ersetzung der Worte „§ 30 Abs. 2 Satz 4“ durch „§ 30e Abs. 2 Satz 3“ in Abs. 2.

§ 284. Für das Beschlußverfahren vor dem Reichsfinanzhof gelten, soweit es sich um Beschwerden handelt

---

*) Siehe auch Ergänzungen Seite 113.

und nichts anderes vorgeschrieben ist, sinngemäß die Vorschriften, die für das Verfahren über die Rechtsbeschwerde gelten. Neue Tatsachen und Beweise können jedoch unbeschränkt geltend gemacht werden. Die §§ 265a, 275a finden keine Anwendung.

Satz 3 ist neu angefügt.

Siebenter Titel: Kosten.

Vorbemerkungen.

Die Neufassung der Bestimmungen über das Kostenwesen übernimmt im wesentlichen die bisherige Regelung. Hineingearbeitet sind die mit Wirkung v. 1. 1. 31 an außer Kraft tretenden Vorschriften der §§ 52, 53*) der 3. StNV. und die Streitwertvorschrift des bisherigen § 243 AO. Gleichzeitig sind die Vorschriften systematisch gegliedert worden in die materiellen (§§ 285 bis 295) und die Verfahrensvorschriften (§§ 296—297e). Von den ersteren handeln die §§ 285—287, 295 vom Kostenschuldner, die §§ 288—294 vom Umfang der Kostentragungspflicht.

I. Kostenpflicht.

§ 285. (1) Der Steuerpflichtige hat die Kosten[1] des gesamten Rechtsmittelverfahrens[2] (die Kosten der sämtlichen Rechtsstufen) zu tragen, wenn er im endgültigen Ergebnis unterliegt[3]. Unterliegt er zum Teil, so können ihm die Kosten zum Teil, insbesondere seine eigenen Kosten, auferlegt werden.

(2) Der Steuerpflichtige hat die Kosten eines von ihm eingelegten Rechtsmittels zu tragen, wenn er das Rechtsmittel zurücknimmt[4]. Nimmt er das Rechtsmittel

*) Die §§ 50, 51, betreffend Befugnis der Behörde zur Gebührenerhöhung bei mutwilliger Rechtsmitteleinlegung und Einforderung eines Vorschusses, gelten noch (s. hierüber 2. Aufl. von Mieberl's AO., S. 334, 335).

zum Teil zurück, so können ihm die Kosten zum Teil, insbesondere seine eigenen Kosten, auferlegt werden.

(3) Dem Steuerpflichtigen können die Kosten eines von ihm eingelegten Rechtsmittels ganz oder zum Teil auch dann auferlegt werden, wenn das Rechtsmittel zwar Erfolg[5] hat, die Entscheidung aber auf Tatsachen beruht, die der Steuerpflichtige früher hätte geltend machen können und müssen. Ferner können dem Steuerpflichtigen Kosten auferlegt werden, die er durch unbegründete Anträge und Einwendungen verschuldet hat.

(4) Sind mehrere Steuerpflichtige zur Tragung der Kosten verpflichtet, so haften sie nach Kopfteilen. Bei erheblicher Verschiedenheit ihrer Beteiligung können die Kosten nach dem Maße ihrer Beteiligung verteilt werden.

[1] Was zu den Kosten gehört, sagt § 288.

[2] Der Ausspruch, daß jemand die Kosten „des Verfahrens" zu tragen habe, umfaßt von selbst alle Instanzen, einschließlich der Rechtsbeschwerdeinstanz bei Zurückverweisung. Die Aufhebung und Zurückverweisung stellt noch keinen endgültigen Erfolg dar. Unter Umständen werden aber in diesem Falle — selbst bei endgültigem Mißerfolg des Pflichtigen — die Kosten der Zurückverweisungsinstanz von der Tragungspflicht auszunehmen sein, z. B. wenn anzunehmen ist, daß lediglich ein Verfahrensmangel der Berufungsinstanz kausal für eine unrichtige Sachbeurteilung durch den Pflichtigen und für die Einlegung der Rechtsbeschwerde gewesen ist.

[3] Zu beachten der Wortlaut: Die Kostentragungspflicht besteht unabhängig davon, wer das Rechtsmittel eingelegt hat.

[4] Höhe der Gebühr regelt § 289 Abs. 3.

[5] Über „Erfolg" bei Zurückverweisung s. Anm. 2.

§ 286. (1) Ein Land[1], eine Gemeinde oder ein selbständiger Gutsbezirk hat (unbeschadet der Einschränkungen, die sich aus den Vorschriften des § 289 Abs. 1

und des § 291 Abs. 1 für das Land ergeben) die Kosten eines in seinem Namen eingelegten Rechtsmittels zu tragen, wenn das Rechtsmittel zurückgenommen wird oder im endgültigen Ergebnis erfolglos ist.

(2) Die Vorschriften des § 285 Abs. 1 Satz 2, des § 285 Abs. 2 Satz 2 und des § 285 Abs. 4 gelten entsprechend.

[1] Die Länder sind aber nach § 289 Abs. 1 von der Gebührenpflicht befreit.

§ 287. Kosten, die weder dem Steuerpflichtigen noch einem Lande, einer Gemeinde oder einem selbständigen Gutsbezirke zur Last fallen, hat das Reich zu tragen.

§ 287 bezieht sich nicht auf Kosten, die nach § 286 Abs. 1 Länder usw. für die von ihnen eingelegten Rechtsmittel zu tragen haben.

Die Kostentragungspflicht des Reichs nach § 287 gilt auch insoweit, als das Reich die Verwaltung von Landessteuern übernommen hat oder der RFH. als oberste Spruchbehörde in Landessteuersachen bestellt worden ist; so RFH. am 14. 10. 30 (RStBl. 1931 S. 1) im Gegensatz zu früherer Auffassung.

§ 288. Die Kostenpflicht umfaßt nach näherer Maßgabe der §§ 289 ff.

1. die Verpflichtung, Rechtsmittelgebühren zu zahlen und Auslagen der Rechtsmittelbehörden zu erstatten;
2. die Verpflichtung, notwendige Ausgaben zu erstatten, die dem Steuerpflichtigen durch das Rechtsmittelverfahren erwachsen sind.

§ 289. (1) Eine Rechtsmittelgebühr wird nur dann erhoben, wenn die Kosten einem Steuerpflichtigen, einer Gemeinde oder einem selbständigen Gutsbezirke zur Last fallen[1].

(2) Die Rechtsmittelgebühr wird nach dem Werte des Streitgegenstandes berechnet. Sie beträgt[2]:

1. für das Verfahren über einen Einspruch, eine Beschwerde oder eine Anfechtung: das Einfache der im § 8 des Gerichtskostengesetzes vorgeschriebenen Gebühr;
2. für das Verfahren über eine Berufung: das Doppelte;
3. für das Verfahren über eine Rechtsbeschwerde: das Dreifache.

(3) Wird ein Rechtsmittel seinem vollen Umfange nach zurückgenommen, so wird die Hälfte der Rechtsmittelgebühr erhoben[3].

[1] Länder gebührenfrei (vgl. Anm. 1 zu § 286).

NJ [2] Die Höhe der Gebühren hat sich nicht geändert. Sie ist leicht übersichtlich für die einzelnen Streitwerte zu ersehen aus der von Min.-Amtmann Sperling herausgegebenen Tabelle, abgedruckt im RStBl. 1927 S. 73.

Der erleichterten Berechnung dient auch folgende kleine Hilfstabelle:

Wert des Streitgegenstandes:	Einfache Gebühr:
RM.	RM.
Bis einschl. 20	 1
mehr als 20 RM. bis einschl. 60	 2
mehr als 60 RM. bis einschl. 1000	. . . . $\frac{W}{100} \times 3$
mehr als 1000 RM. bis einschl. 2000	. . . . $\frac{2\,W}{100} + 10$
mehr als 2000 RM. bis einschl. 10000	. . . . $\frac{W}{100} + 30$
mehr als 10000 RM.	. . . . $\frac{W}{200} + 80$

Dabei bedeutet W den auf volle 100 RM. (bei Streitwerten über 20000 RM. auf volle 1000 RM.) nach oben aufgerundeten Wert des Streitgegenstandes. Die aus der Tafel errechnete Gebühr ist entsprechend § 289 Abs. 2 Nr. 1—3 mit dem einfachen, doppelten oder dreifachen Betrag anzusetzen. Dazu kommt die Pauschgebühr des § 291.

[3] Wegen der übrigen Kosten bei Zurücknahme s. § 285 Abs. 2.

§ 290. (1) An Auslagen der Rechtsmittelbehörde werden erhoben:

1. Schreibgebühren für Ausfertigungen und Abschriften, die nur auf Antrag erteilt oder deshalb angefertigt werden, weil es der Beteiligte unterläßt, einem von Amts wegen zuzustellenden Schriftsatz die erforderliche Zahl von Abschriften beizufügen. Schreibgebühren werden nach dem Gerichtskostengesetze berechnet[1]. Für Schriftstücke in fremder Sprache, für Tabellen sowie für Verzeichnisse, Listen, Rechnungen, Handzeichnungen und dergleichen regelt der Vorsitzende der Rechtsmittelbehörde die Schreibgebühr.
2. Telegraphengebühren und im Fernverkehre zu entrichtende Fernsprechgebühren.
3. Kosten von Zustellungen und öffentlichen Bekanntmachungen.
4. Entschädigungen, die an Auskunftspersonen und Sachverständige gezahlt worden sind. §§ 183, 188 Abs. 3 finden Anwendung.
5. Reisekosten der Beamten der Rechtsmittelbehörde bei Geschäften außerhalb des Dienstsitzes.
6. Beträge, die an andere Behörden oder Beamte oder an sonst zugezogene Personen für ihre Tätigkeit zu zahlen sind. Auslagen, die in den Fällen

des § 191 Abs. 3 Satz 1 dem Lande, der Gemeinde oder dem Gemeindeverband entstanden sind, werden in voller Höhe erhoben; der erhobene Betrag wird an das Land, die Gemeinde oder den Gemeindeverband abgeführt, soweit nicht bereits das Reich auf Grund des § 191 Abs. 3 Satz 1 eine Vergütung gezahlt hat.

(2) Auslagen, die dadurch entstanden sind, daß ein Termin von Amts wegen verlegt worden ist, werden nicht erhoben.

[1] Nach § 71 Abs. 4 GKG. in der Fassung des Ges. v. 28. 1. 27 (RGBl. I S. 53) beträgt die Schreibgebühr für eine Seite (mindestens 32 Zeilen von durchschnittlich 15 Silben) 0,30 RM.

§ 291. (1) Zur Deckung der Auslagen, die den Rechtsmittelbehörden erwachsen sind und nicht nach § 290 besonders in Ansatz gebracht werden, wird eine Abfindung erhoben, wenn die Kosten einem Steuerpflichtigen, einer Gemeinde oder einem selbständigen Gutsbezirke zur Last fallen.

(2) Die Abfindung beträgt fünfzehn vom Hundert der Rechtsmittelgebühr (§ 289 Abs. 2, 3), jedoch mindestens eine und höchstens fünfzig Reichsmark.

§ 292. Sind durch unrichtige Behandlung der Sache ohne Schuld der Beteiligten Rechtsmittelgebühren oder Auslagen der Rechtsmittelbehörden entstanden, so werden diese Kosten nicht erhoben.

Die frühere Kannvorschrift des § 295 Halbs. 1 ist hier zur Mußvorschrift erhoben. Die Nichterhebung kann auch auf einen Teil der Kosten beschränkt werden. Sie ist im Entscheidungssatz mit auszusprechen (§ 296 Abs. 1).

§ 293. (1) Das Rechtsmittelverfahren ist stempelfrei.

(3) Unberührt bleibt die Befugnis des Reichsministers der Finanzen oder der von ihm ermächtigten Reichsbehörde, Rechtsmittelgebühren und solche Auslagen, die den Rechtsmittelbehörden erwachsen sind, zu erlassen.

[1] § 297 faßt die bisher in §§ 289 Abs. 3, 293 Abs. 3 S. 3, 295 AO., § 52 Abs. 3 der 3. StNV. enthaltenen Vorschriften geändert zusammen.

[2] Damit ist dem Ermessen der Behörde weiter Spielraum gegeben. Das Finanzgericht wird trotzdem im allgemeinen nur solche Gründe zu berücksichtigen haben, die den besonderen Umständen des konkreten Rechtsmittelfalles zu entnehmen sind. Die Berücksichtigung anderer, insbesondere persönlicher Gründe (wirtschaftliche Notlage usw.) wird es der Verwaltungsbehörde überlassen können (§ 297 Abs. 3).

Die auf Grund des früheren § 293 Abs. 3 ergangene Verordnung über die Kostenniederschlagung v. 19. 4. 23 in der Fassung v. 21. 12. 23 (RGBl. I S. 1238) gilt mit Aufhebung des § 293 Abs. 3 gleichfalls als beseitigt.

[3] Auf Antrag oder von Amts wegen, evtl. auch nachträglich. Die Anwendung des § 297 liegt ihrem Wesen nach außerhalb des richterlichen Spruches, auch wenn sie der Einfachheit wegen äußerlich mit ihm verbunden wird. Die Entscheidung aus § 297 ist nicht anfechtbar.

[4] D. i. das Kollegium oder der Vorsitzende, je nach der Form der Sachentscheidung.

§ 297a. (1) Soweit erforderlich, ist der Wert des Streitgegenstandes festzustellen[1].

(2) Die Zuständigkeit hierfür bestimmt sich nach § 297 Abs. 2.

(3) Wird eine Sache in eine frühere Rechtsstufe zurückverwiesen, so kann der für diese Rechtsstufe zuständigen Behörde die Feststellung des Wertes des Streitgegenstandes übertragen werden.

(4) Für die Entscheidung darüber, wie hoch der Wert des Streitgegenstandes festzustellen ist, gilt freies Ermessen[2].

[1] Von Amts wegen oder auf Antrag, evtl. auch nachträglich; für letzteren Fall gilt § 297 b Abs. 1. Der Regelfall wird aber Aufnahme in den Entscheidungstenor sein.

[2] Die Entscheidung kann nicht gesondert angefochten werden.

§ 297b. (1) Entscheidungen, durch die der Wert des Streitgegenstandes festgestellt wird, brauchen dem Kostenpflichtigen nicht besonders bekanntgegeben zu werden. Jedoch ist in dem Kostenfestsetzungsbescheide (§ 297c) die Wertfeststellung hervorzuheben.

(2) Wird die Entscheidung über die Kosten des Rechtsmittelverfahrens oder über den Wert des Streitgegenstandes von einer Behörde getroffen, die nicht über das Rechtsmittel entschieden hat, so ist eine Mitteilung der Entscheidung an die Rechtsmittelbehörde nicht erforderlich.

§ 297c[1]. (1) Die Rechtsmittelgebühr und die der Rechtsmittelbehörde erwachsenen Auslagen werden festgesetzt:

1. wenn das Rechtsmittel seinem vollen Umfang nach zurückgenommen worden ist: von der Geschäftsstelle der Behörde, gegen deren Entscheidung das Rechtsmittel gerichtet war;
2. im übrigen von der Geschäftsstelle der Behörde, die zuerst[2] über die Verpflichtung entschieden hat, die durch das Verfahren über das Rechtsmittel entstandenen Kosten zu tragen.

(2) Die nach Abs. 1 zuständige Geschäftsstelle setzt auf Antrag auch die Auslagen fest, die einem Beteiligten zu erstatten sind.

(3) Unberührt bleibt die Befugnis des Reichsministers der Finanzen oder der von ihm ermächtigten Reichsbehörde, Rechtsmittelgebühren und solche Auslagen, die den Rechtsmittelbehörden erwachsen sind, zu erlassen.

[1] § 297 faßt die bisher in §§ 289 Abs. 3, 293 Abs. 3 S. 3, 295 AO., § 52 Abs. 3 der 3. StNV. enthaltenen Vorschriften geändert zusammen.

[2] Damit ist dem Ermessen der Behörde weiter Spielraum gegeben. Das Finanzgericht wird trotzdem im allgemeinen nur solche Gründe zu berücksichtigen haben, die den besonderen Umständen des konkreten Rechtsmittelfalles zu entnehmen sind. Die Berücksichtigung anderer, insbesondere persönlicher Gründe (wirtschaftliche Notlage usw.) wird es der Verwaltungsbehörde überlassen können (§ 297 Abs. 3).

Die auf Grund des früheren § 293 Abs. 3 ergangene Verordnung über die Kostenniederschlagung v. 19. 4. 23 in der Fassung v. 21. 12. 23 (RGBl. I S. 1238) gilt mit Aufhebung des § 293 Abs. 3 gleichfalls als beseitigt.

[3] Auf Antrag oder von Amts wegen, evtl. auch nachträglich. Die Anwendung des § 297 liegt ihrem Wesen nach außerhalb des richterlichen Spruches, auch wenn sie der Einfachheit wegen äußerlich mit ihm verbunden wird. Die Entscheidung aus § 297 ist nicht anfechtbar.

[4] D. i. das Kollegium oder der Vorsitzende, je nach der Form der Sachentscheidung.

§ 297a. (1) Soweit erforderlich, ist der Wert des Streitgegenstandes festzustellen[1].

(2) Die Zuständigkeit hierfür bestimmt sich nach § 297 Abs. 2.

(3) Wird eine Sache in eine frühere Rechtsstufe zurückverwiesen, so kann der für diese Rechtsstufe zuständigen Behörde die Feststellung des Wertes des Streitgegenstandes übertragen werden.

(4) Für die Entscheidung darüber, wie hoch der Wert des Streitgegenstandes festzustellen ist, gilt freies Ermessen[2].

[1] Von Amts wegen oder auf Antrag, evtl. auch nachträglich; für letzteren Fall gilt § 297b Abs. 1. Der Regelfall wird aber Aufnahme in den Entscheidungstenor sein.

[2] Die Entscheidung kann nicht gesondert angefochten werden.

§ 297b. (1) Entscheidungen, durch die der Wert des Streitgegenstandes festgestellt wird, brauchen dem Kostenpflichtigen nicht besonders bekanntgegeben zu werden. Jedoch ist in dem Kostenfestsetzungsbescheide (§ 297c) die Wertfeststellung hervorzuheben.

(2) Wird die Entscheidung über die Kosten des Rechtsmittelverfahrens oder über den Wert des Streitgegenstandes von einer Behörde getroffen, die nicht über das Rechtsmittel entschieden hat, so ist eine Mitteilung der Entscheidung an die Rechtsmittelbehörde nicht erforderlich.

§ 297c[1]. (1) Die Rechtsmittelgebühr und die der Rechtsmittelbehörde erwachsenen Auslagen werden festgesetzt:

1. wenn das Rechtsmittel seinem vollen Umfang nach zurückgenommen worden ist: von der Geschäftsstelle der Behörde, gegen deren Entscheidung das Rechtsmittel gerichtet war;
2. im übrigen von der Geschäftsstelle der Behörde, die zuerst[2] über die Verpflichtung entschieden hat, die durch das Verfahren über das Rechtsmittel entstandenen Kosten zu tragen.

(2) Die nach Abs. 1 zuständige Geschäftsstelle setzt auf Antrag auch die Auslagen fest, die einem Beteiligten zu erstatten sind.

(3) Die Entschädigung, die einer Auskunftsperson oder einem Sachverständigen gewährt wird, setzt die Geschäftsstelle der Behörde fest, der die Auskunft erteilt oder das Gutachten erstattet worden ist[3].

(4) Der Reichsminister der Finanzen kann anordnen, daß die Kosten des Rechtsmittelverfahrens (einschließlich der den Beteiligten zu erstattenden Auslagen) von der Geschäftsstelle derjenigen Behörde festgesetzt werden, die in der ersten Rechtsstufe entschieden hat.

[1] Zusammenfassung der bisherigen Vorschriften des § 53 Abs. 1 S. 1, Abs. 2 S. 1 der 3. StNV. und § 297 S. 2, 4 AO.

[2] Mißverständlich. Das „zuerst" bezieht sich nur auf die Fälle, wo bei Zurückverweisung die Kostenentscheidung der Vorinstanz übertragen worden ist; in diesen Fällen setzt die Vorinstanz auch die Kosten der zurückverweisenden Instanz fest. Im übrigen setzt eben — vom Fall der Nr. 1 abgesehen — jede Instanz die bei ihr erwachsenen Kosten selbst fest.

[3] Aus der veränderten Fassung gegenüber dem früheren § 297 S. 2, 4 ergibt sich, daß in den Fällen der Amtshilfe stets die ersuchte Behörde die Entschädigung festzusetzen hat.

§ 297d. (1) Gegen Bescheide, die die Geschäftsstelle in den Fällen des § 297c erlassen hat, ist die Erinnerung gegeben.

(2) Die Frist für die Einlegung der Erinnerung beträgt zwei Wochen. § 231 Abs. 1, 2 und § 234 gelten sinngemäß[1].

(3) Über die Erinnerung entscheidet die Behörde, der die Geschäftsstelle angehört. Über die Erinnerung gegen einen Bescheid, den die Geschäftsstelle eines Finanzgerichts erlassen hat, entscheidet der Vorsitzende des Finanzgerichts.

(4) Gegen die Entscheidung, die über die Erinnerung ergeht, ist ein Rechtsmittel nicht gegeben.

[1] Zustellung der Festsetzung nicht erforderlich.

§ 297e. (1) Die Rechtsmittelgebühren und die den Rechtsmittelbehörden erwachsenen Auslagen werden von der Behörde, die in der ersten Rechtsstufe entschieden hat, erhoben.

(2) Hat in der ersten Rechtsstufe ein Landesfinanzamt oder ein Finanzgericht entschieden, so liegt die Erhebung dem Finanzamt ob, dessen Zuständigkeit für den Kostenpflichtigen sich bei entsprechender Anwendung des § 53 Abs. 5 ergibt.

Sechster Abschnitt: Zerlegungsverfahren.

Vorbemerkung.

In diesem Abschnitt werden die bisher in anderen Gesetzen enthaltenen Verfahrensvorschriften über die Zerlegung einheitlich zusammengefaßt. Diese anderen Vorschriften (des FAusglG. und des RBewG.) treten daher außer Kraft, auch soweit sie in AusfBest. zu den genannten Gesetzen enthalten sind (AusfBest. zu §§ 45—49 FAG., RMinBl. 1926 S. 169, ZerlegOdg. zu § 86 Abs. 2 RBewG., RGBl. 1927 I S. 43).

§ 354a. Soweit eine Steuerzerlegung (Zerlegung von Steuerbeträgen, Steuermeßbeträgen oder Besteuerungsgrundlagen) vorgeschrieben ist[1], gelten für das Zerlegungsverfahren die Vorschriften der §§ 354b bis 354h.

[1] Die einschlägigen Fälle ergeben sich aus dem materiellen Recht. Zwei Arten von Fällen kommen in Betracht:

1. Zerlegung der Einkommen-, Körperschaft- und Grunderwerbsteuer zur Gewinnung des Maßstabs für die Verteilung des Steueraufkommens auf mehrere öffentlich-rechtliche Körperschaften (§§ 45, 51 FAusglG. in neuer Fassung).

2. Zerlegung von Besteuerungsgrundlagen (bei Grundsteuer) und Steuermeßbeträgen (bei Gewerbesteuer) bei grund- oder gewerbesteuerpflichtigen Gegenständen, die sich auf die Gebiete mehrerer am Aufkommen beteiligter öffentlich-rechtlicher Körperschaften erstrecken (§§ 9 ff. der Grundsteuer-Rahmenbestimmungen, §§ 24 ff. der Gewerbesteuer-Rahmenbestimmungen).

Zuständigkeit: Zu 1: §§ 53 Abs. 5, 56 Nr. 1. Zu 2: § 53 Abs. 2, 3.

§ 354b. (1) Im Zerlegungsverfahren haben die Finanzbehörden von Amts wegen den Sachverhalt zu ermitteln. Sie haben dabei die gleichen Befugnisse, die den Finanzämtern im Steuerermittlungsverfahren zustehen.

(2) Soweit die Zerlegungsgrundlagen[1] nicht festgestellt werden können, sind sie zu schätzen. § 210e gilt entsprechend.

[1] Begriff „Zerlegungsgrundlagen" kann neben den Besteuerungsgrundlagen noch andere Umstände enthalten, die für die Zerlegung maßgebend sind.

§ 354c. Beteiligte am Zerlegungsverfahren sind[1]:

1. der Steuerpflichtige[2], sofern das Verfahren der Zerlegung eines Steuermeßbetrags oder einer Besteuerungsgrundlage dient;
2. diejenigen Länder und Gemeinden, denen ein Anteil an dem zu zerlegenden Steuerbetrag oder Steuermeßbetrag oder an der zu zerlegenden Besteuerungsgrundlage zugeteilt worden ist oder die auf eine solche Zuteilung Anspruch erhoben haben;
3. wenn Gemeinden mehrerer Länder beteiligt sind: auch die Länder, denen die Gemeinden angehören oder die auf Zuteilung an eine ihrer Gemeinden Anspruch erhoben haben;
4. vor dem Reichsfinanzhof: der Reichsminister der Finanzen, wenn er seine Zuziehung beantragt; der

Reichsfinanzhof kann ihn um seine Beteiligung ersuchen.

[1] Finanzamt ist nicht Beteiligter, hat daher keine Befugnis zur Rechtsmitteleinlegung.

[2] Der Pflichtige kann bei Bestehen verschieden hoher Realsteuersätze in den beteiligten Gemeinden ein Interesse an dem Ausgang des Zerlegungsverfahrens haben.

§ 354d. (1) Die beteiligten Länder und Gemeinden können von dem Finanzamt Auskunft über Fragen der Zerlegung verlangen. Sie sind berechtigt, durch ihre Beamten[1] Einsicht in die die Zerlegung betreffenden Nachweisungen und Akten des Finanzamts zu nehmen[2].

(2) Das Finanzamt soll vor jeder Änderung des Beteiligungsverhältnisses[3] die Gemeinden hören, deren Beteiligung durch die Änderung berührt wird. Sind Gemeinden mehrerer Länder beteiligt, so soll das Finanzamt vor jeder Änderung auch die Länder hören, deren Gemeinden durch die Änderung berührt werden.

[1] Eng auszulegen; Angestellte oder Bevollmächtigte scheiden nach EntwBegr. aus.

[2] Nach Möglichkeit beim Finanzamt selbst; andernfalls Aktenübersendung erforderlich. Vorgänge, die das Zerlegungsverhältnis nicht berühren, können, wenn besondere Gründe dafür sprechen, zwecks möglichster Wahrung des Steuergeheimnisses von der Einsichtgewährung ausgenommen werden.

[3] Also nicht vor jedem Erlaß eines Zerlegungsbescheides.

Abs. 2 ist nur Sollvorschrift, deren Außerachtlassung den Zerlegungsbescheid nicht unwirksam macht, u. U. aber einen wesentlichen Verfahrensmangel bilden kann.

§ 354e. (1) Über die Zerlegung erteilt das Finanzamt einen schriftlichen Bescheid (Zerlegungsbescheid), sofern nicht die Zerlegungsentscheidung offengelegt wird (Abs. 5).

(2) Der Zerlegungsbescheid muß enthalten:

1. die Bezeichnung der Höhe des zerlegten Steuerbetrags oder Steuermeßbetrags oder der zerlegten Besteuerungsgrundlage;
2. die Bestimmung darüber, welche Anteile an dem Gegenstande der Zerlegung den beteiligten Ländern und Gemeinden zugeteilt werden;
3. die Angabe der Zerlegungsgrundlagen;
4. eine Belehrung darüber, welches Rechtsmittel gegen den Zerlegungsbescheid zulässig und binnen welcher Frist und bei welcher Behörde es einzulegen ist.

(3) Ein Zerlegungsbescheid, durch den ein Steuermeßbetrag oder eine Besteuerungsgrundlage zerlegt wird, wird dem Steuerpflichtigen[1] verschlossen zugestellt. Der Reichsminister der Finanzen kann statt der Zustellung eine einfachere Form der Bekanntgabe zulassen. Die Vorschriften des § 210g Abs. 1 Sätze 2 bis 4 gelten entsprechend.

(4) Außerdem wird der Inhalt des Zerlegungsbescheids, mag durch den Bescheid ein Steuerbetrag oder ein Steuermeßbetrag oder eine Besteuerungsgrundlage zerlegt werden, den beteiligten Ländern und Gemeinden bekanntgegeben.

(5) Werden Einheitswerte zerlegt, die nach § 210i Abs. 1 offengelegt werden, so wird auch die Zerlegungsentscheidung (Abs. 2 Nr. 1 bis 3) offengelegt. Die Vorschriften des § 210i Abs. 2, 3 finden entsprechende Anwendung.

[1] Für die übrigen Beteiligten (Länder und Gemeinden) genügt einfache Bekanntgabe, die gemäß § 73 Abs. 1 S. 1, Abs. 2 wirksam wird und die Rechtsmittelfrist in Lauf setzt.

§ 354 f. (1) Ist ein Einkommensteuerbetrag oder ein Körperschaftsteuerbetrag, nachdem er vom Finanzamt zerlegt worden ist, geändert worden, so nimmt das Finanzamt, sofern die Steuerpflicht nicht ganz weggefallen ist, eine neue Zerlegung vor, sobald die Änderung unanfechtbar geworden ist. Die neue Zerlegung tritt an die Stelle der bisherigen Zerlegung, sobald sie unanfechtbar geworden ist.

(2) Ist ein Grunderwerbsteuerbetrag, ein Steuermeßbetrag oder eine Besteuerungsgrundlage, nachdem das Finanzamt die Zerlegung vorgenommen hat, geändert worden, so nimmt das Finanzamt sofort eine neue Zerlegung vor. Die neue Zerlegung tritt mit ihrer Bekanntgabe an die Stelle der bisherigen Zerlegung. Das Finanzamt kann jedoch, sofern nicht wichtige Interessen der Beteiligten entgegenstehen, die Vornahme der neuen Zerlegung aussetzen, bis der zu zerlegende Betrag unanfechtbar feststeht.

(3) Steht einem Lande oder einer Gemeinde ein Anteil an einem Steuerbetrag oder Steuermeßbetrage oder an einer Besteuerungsgrundlage zu, hat das Finanzamt dies aber nicht berücksichtigt, auch den erhobenen Anspruch nicht zurückgewiesen, so hat es von Amts wegen oder auf Antrag eine neue Zerlegung vorzunehmen. Abs. 1 Satz 2 und Abs. 2 Satz 2, 3 finden Anwendung. Ist die bisherige Zerlegung gegenüber denjenigen Ländern und Gemeinden, die an dem bisherigen Zerlegungsverfahren beteiligt waren, unanfechtbar geworden, so dürfen bei der neuen Zerlegung nur solche Änderungen der bisherigen Zerlegung vorgenommen werden, die sich aus der nachträglichen Berücksichtigung des bisher übergangenen Landes (der bisher übergangenen Gemeinde) ergeben. Eine neue

Zerlegung findet nicht statt, wenn ein Jahr verflossen ist, seitdem die Festsetzung des zu zerlegenden Steuerbetrags oder Steuermeßbetrags oder der zu zerlegenden Besteuerungsgrundlage unanfechtbar geworden ist, es sei denn, daß der Antrag vor Ablauf des Jahres gestellt worden ist.

§ 354g. (1) Als Rechtsmittel[1] sind den Beteiligten gegeben:

gegen den Zerlegungsbescheid des Finanzamts sowie gegen eine Verfügung des Finanzamts, durch die ein Antrag auf Erlaß eines Zerlegungsbescheids abgelehnt wird: die Beschwerde; über sie entscheidet das Landesfinanzamt;

gegen die Beschwerdeentscheidung des Landesfinanzamts: die weitere Beschwerde; über sie entscheidet der Reichsfinanzhof im Beschlußverfahren.

(2) Die Frist für die Einlegung der Beschwerde an das Landesfinanzamt beträgt sechs Wochen. Die Frist für die Einlegung der weiteren Beschwerde an den Reichsfinanzhof beträgt einen Monat.

(3) Rechtsmittel können nicht darauf gestützt werden, daß der zerlegte Steuerbetrag oder Steuermeßbetrag unrichtig festgesetzt oder die zerlegte Besteuerungsgrundlage unrichtig festgestellt worden sei.

(4) § 247 Abs. 1[2] und § 249 gelten entsprechend.

(5) Ist sowohl gegen den Bescheid, durch den der Steuerbetrag oder der Steuermeßbetrag festgesetzt oder die Besteuerungsgrundlage festgestellt worden ist, als auch gegen den Bescheid, durch den der Steuerbetrag oder der Steuermeßbetrag oder die Besteuerungsgrundlage zerlegt worden ist, ein Rechtsmittel eingelegt worden, so kann, sofern nicht wichtige Interessen der Beteiligten entgegenstehen, die Rechtsmittelbe-

hörde, die über das gegen den Zerlegungsbescheid eingelegte Rechtsmittel zu entscheiden hat, das Verfahren so lange aussetzen, bis der Steuerbetrag oder der Steuermeßbetrag oder die Besteuerungsgrundlage unanfechtbar feststeht.

[1] Die allgemeinen Vorschriften der AO. über Rechtsmittel (§§ 228—242), über das Beschwerdeverfahren (§§ 281, 282), das Beschlußverfahren (§ 284) und das Kostenwesen (§§ 285—297e) gelten. Es gilt z. B. sinngemäß auch § 235.

[2] Recht auf Akteneinsicht für Länder und Gemeinden schon durch § 354d Abs. 1 teilweise geregelt.

§ 354h. Den Gemeinden stehen im Sinne des § 354d Abs. 1 die Gemeindeverbände, im Sinne der §§ 354c, 354d Abs. 2, §§ 354e bis 354g, 354i die Gemeindeverbände und die selbständigen Gutsbezirke gleich.

§ 354i. Der Reichsminister der Finanzen kann mit Zustimmung des Reichsrats Bestimmungen darüber treffen, inwieweit und unter welchen Abänderungen die Vorschriften der §§ 354b bis 354h auch für diejenigen Fälle gelten, in denen ein Steuerbetrag oder Steuermeßbetrag oder eine Besteuerungsgrundlage in voller Höhe einem Lande oder einer Gemeinde zuzurechnen ist, aber Streit darüber herrscht, welches das berechtigte Land oder die berechtigte Gemeinde ist. Bestimmungen der im Satz 1 bezeichneten Art können auch in der Weise getroffen werden, daß der Reichsminister der Finanzen mit Zustimmung des Reichsrats die Bestimmungen in den Wortlaut der §§ 354a bis 354h einarbeitet; in diesem Falle ist die neue Fassung der §§ 354a bis 354h im Reichsgesetzblatt zu veröffentlichen und der § 354i zu streichen.

§ 360. (1) Der Versuch[1] der Steuerhinterziehung ist strafbar.

(2) Die für die vollendete Tat angedrohte Strafe gilt auch für den Versuch; Geldstrafen, die auf ein Vielfaches des hinterzogenen Betrags zu bestimmen sind, sind nach der Steuerverkürzung oder dem Steuervorteile zu bemessen, die bei Vollendung der Tat eingetreten wären.

(3) Wer in dem Bewußtsein, daß infolge seines Verhaltens eine Verkürzung von Einnahmen an Einheitswertsteuern eintreten kann, es unternimmt, die mit der Wertermittlung befaßten Behörden irrezuführen, wird bestraft, wie wenn er den Versuch einer Steuerhinterziehung begangen hätte.

Neu ist Abs. 3, der bisherige § 80 Abs. 2 RBewG., die übrigen Absätze des bisherigen § 80 aaO. sind bereits durch § 3a Abs. 1 hinfällig.

[1] Vollendet ist bei Veranlagungssteuern die Steuerhinterziehung dann (also kein Versuch mehr), wenn die Steuerfestsetzung dem Pflichtigen wirksam bekanntgegeben worden ist (RG. in Strafs. Bd. 59 S. 401).

§ 376. (1) Wer das Steuergeheimnis[1] verletzt (§ 10 Abs. 2, 3), wird mit Geldstrafe oder mit Gefängnis bis zu sechs Monaten bestraft.

Abs. 2, 3 wie bisher.

[1] Zu beachten die weitere Fassung des Begriffs „Steuergeheimnis“ durch den neuen § 10!

§ 377. (1) Wer den im Interesse der Besteuerung (einschließlich der Vorbereitung, Sicherung und Nachprüfung der Besteuerung) erlassenen Vorschriften der Steuergesetze oder der dazu ergangenen und öffentlich oder den Beteiligten besonders bekanntgemachten Verwaltungsbestimmungen durch andere als die in den Steuergesetzen unter Strafe gestellten Handlungen oder Unterlassungen zuwiderhandelt, wird mit einer Ordnungsstrafe bis zu zehntausend Reichsmark bestraft. Dies gilt nicht für Soll-Vorschriften, auch nicht für Zuwiderhandlungen gegen die §§ 161a, 161b. Die Ordnungsstrafe wird nicht verhängt, wenn festgestellt wird, daß Strafausschließungsgründe vorliegen oder die Zuwiderhandlung auf einem unabwendbaren Zufall beruht.

(2) Wenn nach § 202 für den Fall der Nichtbefolgung einer Anordnung ein Zwangsmittel angedroht ist, darf wegen der Nichtbefolgung dieser Anordnung nicht auf eine Ordnungsstrafe erkannt, sondern nur das Zwangsmittel angewandt werden.

Neu ist in § 377 nur die Änderung des Abs. 1 S. 2. Durch sie sind künftig alle Verstöße gegen die Buchführungspflichten von der Strafbarkeit ausgenommen, soweit nicht etwa die Vorschriften über Steuerhinterziehung usw. eingreifen.

§ 444. (1) Die vor dem Inkrafttreten der Reichsabgabenordnung (23. Dezember 1919) verkündeten Steuergesetze des Reichs treten insoweit außer Kraft, als sie mit der Reichsabgabenordnung nicht im Einklang stehen.

(2) Das Gesetz über die Reichsfinanzverwaltung vom 10. September 1919 (Reichsgesetzbl. S. 1591 ff.) mit Ausnahme des § 46 ist am 23. Dezember 1919 außer Kraft getreten.

§ 445. Außer Kraft treten:

1. die §§ 420 bis 429 der Strafprozeßordnung insoweit, als die Vorschriften der Reichsabgabenordnung über das gerichtliche Verfahren in Steuerstrafsachen Anwendung finden;
2. der § 419 der Strafprozeßordnung insoweit, als § 386 Abs. 2, § 412 Abs. 2 und § 384 Abs. 2 der Reichsabgabenordnung Anwendung finden;

3. Artikel 104 des Einführungsgesetzes zum Bürgerlichen Gesetzbuch insoweit, als die Vorschriften der Reichsabgabenordnung über Erstattungs- und Vergütungsansprüche Anwendung finden.

§ 446. Der Reichsminister der Finanzen hat das Tabaksteuergesetz der Reichsabgabenordnung anzupassen und es in neuer Fassung zu veröffentlichen. Die neue Fassung bedarf der Zustimmung des Reichsrats und eines vom Reichstag gewählten Ausschusses von zehn Mitgliedern. Sie tritt mit dem auf ihre Verkündung folgenden Tage an die Stelle der alten Fassung.

§ 447. (1) Soweit die Finanzämter und Landesfinanzämter in dem Zeitpunkt, in dem der § 8a in Kraft tritt, für Körperschaften des öffentlichen Rechtes Verwaltungsgeschäfte führen, die nicht unter die Vorschriften des § 8a fallen, führen die Finanzämter und Landesfinanzämter die Verwaltung fort. Von den im Satz 1 bezeichneten artfremden Geschäften sollen die Finanzämter und Landesfinanzämter möglichst bald entlastet werden; hierüber werden der Reichsminister der Finanzen und die beteiligten Landesregierungen die erforderlichen Vereinbarungen treffen.

(2) Im übrigen werden die Finanzämter und Landesfinanzämter für Körperschaften des öffentlichen Rechtes Verwaltungsgeschäfte, die nicht unter die Vorschriften des § 8a fallen, nur dann führen, wenn ihnen der Reichsminister der Finanzen auf Grund besonderer Vereinbarungen, die er mit der beteiligten Landesregierung getroffen hat, die Verwaltung überträgt.

§ 448. (1) Bestehen in einem Lande Behörden, zu deren Aufgaben die Ermittlung des Wertes von Grundstücken gehört (zum Beispiel Katasterämter), so hat auf Antrag der Landesregierung der Reichsminister der Finanzen diesen Behörden

1. die Vorbereitung der Einzelbewertung und
2. die Vorbereitung der Zerlegung der Besteuerungsgrundlagen

für die landwirtschaftlichen, forstwirtschaftlichen und gärtnerischen Betriebe sowie für die Grundstücke und Betriebsgrundstücke zu übertragen. Die Vorbereitung hat im laufenden Einvernehmen mit dem Vorsteher des Finanzamts zu erfolgen; die Befugnis des Vorstehers des Finanzamts zur Führung der Geschäfte des Steuerausschusses und die Befugnis des Präsidenten des Landesfinanzamts zur Leitung des gesamten Bewertungsgeschäfts in seinem Bezirke bleiben unberührt.

(2) Zum Mitglied derjenigen Abteilungen des Steuerausschusses, denen die Bewertung der landwirtschaftlichen, forstwirtschaftlichen und gärtnerischen Betriebe, der Grundstücke und Betriebsgrundstücke obliegt, soll die Landesregierung in erster Linie den Vorsteher der Behörde bestimmen, der die Vorbereitung der Bewertung nach Abs. 1 übertragen worden ist. Der Beamte ist in diesem Falle, soweit es sich um die Feststellung der Einheitswerte für die im Satz 1 bezeichneten Betriebe und Grundstücke handelt, nach näherer Bestimmung der Steuerausschußordnung stellvertretender Vorsitzender der Abteilung.

§ 449. Auf Antrag einer Landesregierung hat der Reichsminister der Finanzen die Geschäfte der Finanzämter bei der Verwaltung der Grunderwerbsteuer den von der Landesregierung bezeichneten Behörden zu übertragen. Ein Anspruch auf Entschädigung gegen das Reich wird hierdurch nicht begründet; ein Abzug von vier vom Hundert zugunsten des Reichs findet nicht statt. Im Falle des Satzes 1 gelten für die Beitreibung die landesrechtlichen Vorschriften.

§ 450. Für Rechtsmittel, die Zuschläge zur Grunderwerbsteuer betreffen, können die Länder, soweit die Rechtsmittel auf einen lediglich für die Zuschläge geltenden Grund gestützt werden, das Rechtsmittelverfahren abweichend von den Vorschriften der Reichsabgabenordnung regeln.

§ 451. Für Rechtsmittel, die die Festsetzung einer Realsteuer (die Festsetzung des zu entrichtenden Steuerbetrags) betreffen und lediglich auf Gründe gestützt werden, die für den zu entrichtenden Steuerbetrag, nicht dagegen für die Besteuerungsgrundlagen oder für den Steuermeßbetrag gelten, können die Länder das Rechtsmittelverfahren abweichend von den Vorschriften der Reichsabgabenordnung auch dann regeln, wenn die Festsetzung des zu entrichtenden Steuerbetrags dem Finanzamt übertragen worden ist. § 210 Abs. 2 findet keine Anwendung.

Vgl. Anm. 2 zu § 3a.

§ 452. Soweit auf dem Gebiete der Landesstempelsteuern strafrechtliche Vorschriften gegen Personen bestehen, die an der Verwaltung der Steuer beteiligt sind, bewendet es wegen des Strafverfahrens bei den landesrechtlichen Vorschriften.

§ 453. Soweit für Abgaben, die weder von Behörden der Reichsfinanzverwaltung noch von anderen Behörden des Reichs verwaltet werden, die Vorschriften der Reichsabgabenordnung sinngemäß gelten, kann die Landesregierung bestimmen, welchen Stellen die Befugnisse zustehen, die in den für anwendbar erklärten Vorschriften den Finanzämtern und Landesfinanzämtern zugewiesen sind.

§ 454. Wenn nach dem Landesrecht Gemeinden oder Gemeindeverbänden Verwaltungsgeschäfte auf dem Gebiete der Steuern der Länder obliegen, so bleibt die Regelung des Rechtsverhältnisses zwischen dem Lande und den Gemeinden oder Gemeindeverbänden der Landesgesetzgebung überlassen.

§ 455. Mit Zustimmung der beteiligten Reichsminister kann die Verwaltung von Reichsvermögen Landesverwaltungsbehörden übertragen werden.

Ergänzungen zu einzelnen Bemerkungen.

Zu §§ 245d, 265a: Bei verbundener Behandlung meherer Rechtsmittel ist die Summe der einzelnen Streitwerte maßgebend (E. Bd. 14 S. 313).

Zu § 265a, Anm. 1: Man wird z. B. einem Pflichtigen, dessen Einkommensteuerpflicht nicht vollkommen zweifelsfrei ist, die Möglichkeit geben müssen, seine Streitfrage vor den RFH. zu bringen, wenn diese nicht nur für 1 Jahr, sondern auch für spätere Jahre von Bedeutung ist.

Zu § 265a, Anm. 2: Für die Anfechtbarkeit von Entscheidungen, die vor 1. 1. 31 gefällt sind, wird ausnahmslos das bisherige Recht zu gelten haben.

Zu § 294, Anm. 2: So Boethke (DStBl. 1931 Sp. 20) in Analogie zu Art. VIII Ges. betr. Anwaltsgebühren v. 18. 8. 23, RGBl. I S. 813. Analogie aber unvollkommen; z. B. kein Armenrecht im Steuerprozeß.

Gesamtplan der Steuervereinfachung.

(Der Verordnung 3. Teil, Kapitel I, RGBl. I S. 530, wichtig besonders für die Frage, wann die einzelnen Änderungen in Kraft treten).

§ 1. Zur Vereinfachung und Vereinheitlichung des Steuerwesens werden folgende Maßnahmen getroffen:

1. Für die Zeit vom 1. April 1932 ab werden vereinheitlicht:
   a) für den gesamten Grundbesitz nach Maßgabe des Kapitels II (Grundsteuer) die Grundsteuern der Länder und Gemeinden;
   b) für das Gewerbe nach Maßgabe des Kapitels III (Gewerbesteuer) die Gewerbesteuern der Länder und Gemeinden.
2. Für die Zeit vom 1. April 1932 ab wird:
   a) hinsichtlich des landwirtschaftlichen, forstwirtschaftlichen und gärtnerischen Vermögens durch die Grundsteuer zugleich als Einheitssteuer die Einkommensteuer für die ersten 6000 Reichsmark des Einkommens aus diesem Vermögen nach Maßgabe der Vorschriften des Einkommensteuergesetzes abgegolten[1].

   Der Reichsminister der Finanzen ist ermächtigt, die Vorschriften des Abs. 1 bereits für das Rechnungsjahr 1931 in Kraft zu setzen. In diesem Falle gilt die Einkommensteuer für die nicht zu veranlagenden ersten 6000 Reichsmark der Einkünfte aus landwirtschaftlichem, forstwirtschaftlichem und gärtnerischem Vermögen im Wirtschaftsjahr 1930/31 durch die zum 15. November 1930 und zum 15. Februar 1931 zu leistenden Vorauszahlungen nach Maßgabe der Durchführungsbestimmungen als abgegolten;

b) hinsichtlich des Grundvermögens und des Gewerbes der Reichsminister der Finanzen ermächtigt, mit Zustimmung des Reichsrats eine den Vorschriften zu a entsprechende Regelung zu treffen[1].

3. Die Reichsabgabenordnung und die übrigen Reichssteuergesetze werden nach Maßgabe des Kapitels IV (Steueranpassung) an die Kapitel II und III angepaßt. Hierüber hinaus werden insbesondere auf dem Gebiete der Einheitsbewertung und der Einheitswertsteuern

a) die Vermögensteuerfreigrenze auf 20 000 Reichsmark erhöht;

b) die Geltungsdauer der Einheitswerte für den gesamten Grundbesitz auf 6 Jahre, für das Betriebsvermögen auf 3 Jahre sowie der Veranlagungszeitraum für die Vermögensteuer auf 3 Jahre ausgedehnt;

c) die Zustellung der Einheitswertbescheide für den gesamten Grundbesitz durch die Offenlegung der Einheitswerte ersetzt;

d) die Neufeststellung des Vermögens unter wesentlicher Erleichterung ihrer Voraussetzungen nur auf den Beginn eines Kalenderjahrs zugelassen;

e) die Zugrundelegung der Einheitswerte, um umständliche Abrechnungen (insbesondere Vorauszahlungen) nach Möglichkeit zu vermeiden, erst mit Wirkung vom nächsten Jahre ab vorgeschrieben.

4. Auf dem Gebiet der Umsatzsteuer werden nach Maßgabe des Kapitels V (Umsatzsteuer)
   a) Unternehmen mit einem Gesamtumsatz von nicht mehr als 5 000 Reichsmark von der Umsatzsteuer befreit;
   b) das Zwischenhandelsprivileg auf den Großhandel beschränkt.

[1] Sogenannte „Einheitssteuer", s. hierüber Anm. 5 zu § 1 AO.

§ 2. Für das Inkrafttreten des Kapitels II (Grundsteuer), des Kapitels III (Gewerbesteuer) und des Kapitels IV (Steueranpassung) gelten die Vorschriften der §§ 3 bis 7.

§ 3. (1) Die Grundsteuer und die Gewerbesteuer werden nach den im Kapitel II (Grundsteuer), Kapitel III (Gewerbesteuer) und Kapitel IV (Steueranpassung) enthaltenen Vorschriften für die Zeit vom 1. April 1932 ab veranlagt und erhoben[1].

(2) Um die rechtzeitige Durchführung des Abs. 1 zu gewährleisten, können schon in der Zeit nach der Verkündung dieser Verordnung und vor dem 1. April 1932 auf Grund des Kapitels II (Grundsteuer), des Kapitels III (Gewerbesteuer) und des Kapitels IV (Steueranpassung) die erforderlichen Vorbereitungsmaßnahmen getroffen (z. B. Steuererklärungen eingefordert) werden.

(3) Die im Kapitel II (Grundsteuer), Kapitel III (Gewerbesteuer) und Kapitel IV (Steueranpassung) enthaltenen Vorschriften finden auf die Grundsteuer (mit Einschluß der Gebäudesteuer) und die Gewerbe-

steuer insoweit keine Anwendung, als diese Steuern auf die Zeit vor dem 1. April 1932 entfallen. Für die bisherige Grundsteuer (einschließlich der bisherigen Gebäudesteuer) und die bisherige Gewerbesteuer liegen den Finanzämtern und Landesfinanzämtern Verwaltungsgeschäfte nur insoweit ob, als ihnen solche Geschäfte entweder vor dem 1. April 1932 auf Grund des bisherigen § 19 der Reichsabgabenordnung oder nach dem 31. März 1932 auf Grund des § 8a Nr. 2 der Reichsabgabenordnung (in der Fassung des Kapitels IV) übertragen worden sind oder übertragen werden.

[1] Vorbehaltlich einer Hinausschiebung des Geltungszeitpunkts auf Grund des § 9.

Die Verwaltung der Realsteuern nach Maßgabe der landesrechtlichen Bestimmungen kann, wie es in einigen Ländern schon jetzt der Fall ist, bereits vor dem 1. 4. 32 bei den Reichssteuerbehörden liegen; hierüber s. Abs. 3 S. 2.

§ 4. (1) Die Einkommensteuer, die Körperschaftsteuer und die Umsatzsteuer werden zum ersten Male für die im Kalenderjahr 1931 endenden Steuerabschnitte[1], die Vermögensteuer wird für die Zeit vom 1. Januar 1931 ab[2] nach den Vorschriften des Kapitels IV (Steueranpassung) veranlagt[3].

(2) Die Einheitswerte werden zum ersten Male nach dem Stande vom 1. Januar 1931 nach den Vorschriften des Kapitels IV (Steueranpassung) festgestellt[4].

(3) Die Erbschaftsteuer wird für die Steuerfälle, in denen die Steuerschuld nach dem 31. Dezember 1930 entsteht, nach den Vorschriften des Kapitels IV (Steueranpassung) veranlagt.

(4) Um die rechtzeitige Durchführung des Abs. 1 zu gewährleisten, können schon in der Zeit nach der Verkündung dieser Verordnung und vor dem 1. April 1932 auf Grund der Vorschriften des Kapitels IV (Steueranpassung) die erforderlichen Vorbereitungsmaßnahmen getroffen (z. B. Steuererklärungen eingefordert) werden.

(5) Soweit nach Abs. 1 bis 4 die Vorschriften des Kapitels IV (Steueranpassung) noch nicht Anwendung finden, bewendet es für die Veranlagung zur Einkommensteuer, Körperschaftsteuer, Vermögensteuer, Erbschaftsteuer und Umsatzsteuer sowie für die Feststellung der Einheitswerte bei den bisherigen Vorschriften[5].

[1] Also erstmals bei der (eventuellen) Herbstveranlagung 1931 Für die Frühjahrsveranlagung 1931 zur Einkommen-, Körperschaft- und Umsatzsteuer gelten zufolge Abs. 5 — von der bei § 5 Abs. 1 zu erwähnenden Einschränkung hinsichtlich der Bildung der Steuerausschüsse abgesehen — im allgemeinen noch die bisherigen Vorschriften der AO. Die im § 6 des Gesamtplans aufgezählten Änderungen der AO. (in der voranstehenden Tabellarischen Übersicht in Spalte N aufgeführt) gelten jedoch auch für diese Veranlagungen sofort; sie gelten überhaupt uneingeschränkt vom 1. 1. 31 an für alle in diesem Zeitpunkt noch nicht rechtskräftig abgeschlossenen Ermittlungs- und Rechtsmittelverfahren, soweit nicht eine vor diesem Zeitpunkt ergangene Verfügung mangels Anfechtung nachträglich noch rechtskräftig wird. Einzelheiten s. bei den einz. Vorschriften.

[2] Hierzu vgl. den neuen § 22 VermStG., wonach die erst Hauptveranlagung nach den neuen Vorschriften für die Zeit vom 1. 1. 31 bis Ende des Rechnungsjahres 1934 (neuer § 1 VermStG.) vorgenommen wird.

Soweit die Vermögensteuer noch für frühere Zeiträume festzusetzen ist, gilt Abs. 5. Über dessen Tragweite s. Anm. 1.

[3] Der Begriff „veranlagt" wird (ebenso wie „Veranlagung" in Abs. 5) im weitesten Sinne zu verstehen sein, umfassen

materielle und Verfahrensvorschriften, einschließlich des Rechtsmittelverfahrens.*)

[4] Wegen Feststellung für frühere Stichtage s. Abs. 5 und Anm. 1.

[5] Daraus ergibt sich z. B. für die Frühjahrsveranlagung zur Einkommensteuer usw. und das anschließende Rechtsmittelverfahren: Keine Mitwirkung der Steuerausschüsse bei der Umsatzsteuer; Geltung der bisherigen örtlichen Zuständigkeitsvorschriften; Möglichkeit der Rechtsmittelbeschränkung nach bisherigem § 210 Abs. 3; keine selbständige Rechtsmittelbefugnis der Gemeindevertreter (§§ 244 Abs. 2, 245 Abs. 2, 245b Abs. 2 neuer Fassung).

§ 5. (1) Die Vorbereitungen für die Neubildung der Steuerausschüsse und Finanzgerichte sind auf Grund der Vorschriften des Kapitels IV (Steueranpassung) möglichst bald zu treffen[1]. Es ist anzustreben, daß die Steuerausschüsse und die Finanzgerichte zum 1. April 1931 für den gesamten Geltungsbereich dieser Verordnung neu gebildet sind. Eine Neubildung zu einem früheren Zeitpunkt ist unzulässig.

(2) Die bisherigen Steuerausschüsse, Grundwertausschüsse, Gewerbeausschüsse, Finanzgerichte und Oberbewertungsausschüsse führen die Geschäfte weiter, bis auf Grund des Kapitels IV (Steueranpassung) die Steuerausschüsse und Finanzgerichte neu gebildet worden sind.

(3) Von der Neubildung an übernehmen die neuen Steuerausschüsse die Geschäfte der bisherigen Steuerausschüsse, Grundwertausschüsse und Gewerbeausschüsse, die neuen Finanzgerichte die Geschäfte der bisherigen Finanzgerichte und Oberbewertungsausschüsse[2].

---

*) Die Auslegung der Geltungsvorschriften des „Gesamtplans" ist nicht immer zweifelsfrei. Etwaige durch nachträgliche Ausführungsvorschriften sich aufklärende Auslegungsirrtümer muß sich der Verfasser vorbehalten.

[1] Für die Neubildung der Steuerausschüsse und Finanzgerichte gelten also die neuen Vorschriften der AO. Wegen der Aufgaben der Ausschüsse usw. vgl. Abs. 3, ferner Anm. 5 zu § 4.

[2] Die Frage, von wann an für das Verfahren und besonders für die Aufgaben der Ausschüsse usw. die neuen Vorschriften der AO. gelten, richtet sich nach den Vorschriften des § 4.

§ 6. Mit dem 1. Januar 1931 treten in Kraft[1]:

1. aus Kapitel II (Grundsteuer), Kapitel III (Gewerbesteuer) und Kapitel IV (Steueranpassung) diejenigen Vorschriften, die Ermächtigungen zum Erlaß von Verordnungen oder zu Bekanntmachungen enthalten;
2. aus Kapitel IV (Steueranpassung) die folgenden Vorschriften:

   Artikel 1 Nr. 7, 8, 15, 16, 18, 22, 23, 27, 29, 38, 39 bis 42, 44, 45, 48, 53, 54, 56, 59, 64, 67, 69 bis 75, 77;

   aus Artikel 1 Nr. 60 die neuen §§ 245c, 245d der Reichsabgabenordnung[1];

   Artikel 4 §§ 7, 8 und 10.

[1] Die vom 1. 1. 31 an geltenden Änderungen der AO. sind in Spalte N der voranstehenden Tabellarischen Übersicht zusammengestellt. Über die Tragweite der Geltungsvorschriften des § 6 vgl. Anm. 1 zu § 4.

§ 7. Soweit sich aus den Vorschriften der §§ 3 bis 6 nichts anderes ergibt[1], treten in Kraft:

1. Artikel 2[2] und Artikel 4 §§ 4[3], 5[4] des Kapitels IV (Steueranpassung) mit dem 1. Januar 1931;
2. Artikel 4 § 11[5] des Kapitels IV mit dem 1. April 1931;

3. die übrigen Vorschriften des Kapitels II (Grundsteuer), des Kapitels III (Gewerbesteuer) und des Kapitals IV (Steueranpassung)[6] mit dem 1. April 1932.

[1] Anderes ergibt sich aus § 4 für die Einkommen-, Körperschaft-, Umsatz- und Vermögensteuer und für die Feststellung der Einheitswerte, aus § 6 für alle Reichssteuern.

[2] Änderungen des RBewG.

[3] Änderungen des VermStG.

[4] Änderungen des ErbschStG.

[5] Betrifft die Aufbringungsumlage.

[6] Hierunter fallen alle nicht in § 6 aufgeführten Änderungen der AO. (Spalte S der vorangestellten Tabellarischen Übersicht).

§ 8. Von den Vorschriften des Kapitels V (Umsatzsteuer) treten der § 1 Nr. 1[1] und 3[1] am 1. Januar 1931, der § 1 Nr. 2[2] am 1. Juli 1931 in Kraft.

[1] Betrifft Befreiung der Grundstücksverkäufe (neue Nr. 4a in § 2 UStG.) und Einschränkung des § 7 UStG. auf den Großhandel.

[2] Betrifft Einführung der Steuerfreigrenze von 5000 RM.

§ 9. (1) Wird in einem Lande die Einheitsbewertung des landwirtschaftlichen, forstwirtschaftlichen oder gärtnerischen Vermögens, des Grundvermögens oder des Betriebsvermögens einschließlich der Zerlegung nicht spätestens bis zum 31. Dezember 1931 fertiggestellt, so wird der Reichsminister der Finanzen auf Antrag der Landesregierung bestimmen, daß die Vorschriften des Kapitels II (Grundsteuer) und des Kapitels III (Gewerbesteuer) sowie die die Grundsteuer und Gewerbesteuer betreffenden Vorschriften des Kapitels IV (Steueranpassung) für das Rechnungsjahr 1932 auf dieses Land noch nicht Anwendung finden.

(2) Abgesehen von den Fällen des Abs. 1 kann der Reichsminister der Finanzen auf Antrag einer Landes-

regierung bestimmen, daß die Vorschriften des Kapitels II (Grundsteuer) und die die Grundsteuer betreffenden Vorschriften des Kapitels IV (Steueranpassung) ganz oder teilweise für die Rechnungsjahre 1932 und 1933 auf das Land noch nicht Anwendung finden.

§ 10. Die Vorschriften dieses Kapitels (Gesamtplan der Steuervereinfachung) treten mit ihrer Verkündung in Kraft.

Anhang.

Berichtigungen und Ergänzungen zur 2. Auflage von Nieberl's AO.

I. Änderungen der Gesetzesfassung bis zum 30. 11. 30.

§ 79.

Abs. 1, 2 wie bisher.

(3) Die in der Reichsabgabenordnung enthaltenen Vorschriften über den Steueranspruch und den Erstattungsanspruch sowie das für diese Ansprüche geltende Verfahren (einschließlich des Rechtsmittelverfahrens) finden auf die Verpflichtung, den Wert von Steuerzeichen an eine Behörde der Reichsfinanzverwaltung zu entrichten, und auf das Recht, Erstattung eines zu Unrecht entrichteten Betrages zu verlangen, sinngemäß Anwendung.

(Abs. 3 neu durch Ges. v. 22. 12. 29, RGBl. I S. 234).

§ 92a. Wer eine Steuerhinterziehung oder eine Steuerhehlerei begeht, haftet, soweit er nicht Steuerschuldner ist, für den Betrag, in dessen Höhe Steuereinnahmen verkürzt oder Steuervergünstigungen zu Unrecht gewährt oder belassen werden.

(Neu durch Ges. v. 22. 12. 29, RGBl. I S. 234).

§ 102.

Abs. 1, 2 wie bisher.

(3) Kosten, die lediglich durch bargeldlose Überweisung entstehen, dürfen nicht nachgefordert oder angerechnet werden. Kosten, die dadurch entstehen, daß die Steuerbehörde einem Steuerpflichtigen, der mit

einer Zahlung im Rückstand ist, eine Postnachnahme zugehen läßt, hat der Steuerpflichtige zu tragen.

Abs. 4 wie bisher.

(Abs. 3 S. 2 neu durch Ges. v. 28. 12. 29, RGBl. I S. 248).

§ 195. . . . .

6. daß die Steueraufsichtsbeamten in den der Steueraufsicht unterliegenden Betrieben Proben von steuerpflichtigen Erzeugnissen oder von Stoffen, die zur Herstellung solcher Erzeugnisse bestimmt sind, für steuerliche Zwecke unentgeltlich entnehmen dürfen.

(Nr. 6 neu, in Kraft getreten am 20. 5. 30).

§ 198a. (1) Ergeben sich bei Bestandsaufnahmen (§ 195 Nr. 4) Fehlmengen an verbrauchsteuerpflichtigen Erzeugnissen, so hat der Betriebsinhaber (bei Steuerlagern der Lagerinhaber) die auf die Fehlmengen entfallenden Verbrauchsteuern zu entrichten, soweit nicht dargetan wird, daß die Fehlmengen auf Umstände zurückzuführen sind, die eine Steuerschuld in der Person des Betriebsinhabers (Lagerinhabers) nicht begründen.

(2) Die Steuerschuld gilt im Zweifel als entstanden im Zeitpunkt der Bestandsaufnahme.

(Neu durch Ges. v. 22. 12. 29, RGBl. I S. 234).

§ 216. Das Steuerermittlungsverfahren ist (außer in den Fällen des § 205 Abs. 3 und des § 206 Abs. 2 und abgesehen von den Untersuchungen im Zollverkehr) kosten- und stempelfrei; im übrigen bestimmt der Reichsminister der Finanzen den Umfang der Gebühren.

(Halbsatz 1 neu gefaßt durch Ges. v. 22. 12. 29, RGBl. S. 234).

§ 220.

Durch Ges. v. 22. 12. 29 (RGBl. I S. 234) im Abs. 2 gestrichen:
1. im Satz 2 die Worte „oder Landesfinanzamts".
2. Satz 3.

§ 223a. Gegen die Zollauskunft eines Landesfinanzamts und gegen den Bescheid eines Landesfinanzamts, durch den auf Grund eines Verbrauchsteuergesetzes ein Kontingentfuß festgesetzt wird (Kontingentbescheid), ist der Einspruch gegeben; über ihn entscheidet das Landesfinanzamt. Gegen den Einspruchsbescheid des Landesfinanzamts ist die Rechtsbeschwerde an den Reichsfinanzhof gegeben. Die §§ 240, 241 gelten für das Einspruchsverfahren; sie gelten nicht für die Erteilung der Zollauskunft oder des Kontingentbescheides, auch nicht für das der Verteilung voraufgehende Verfahren.

(Neu durch Ges. v. 22. 12. 29, RGBl. I S. 234).

§ 224.

Durch Ges. v. 22. 12. 29 (RGBl. I S. 234) die Zahl 223 ersetzt durch 223a.

§ 228. (1) Soweit die Rechtsmittelbehörden zur Nachprüfung tatsächlicher Verhältnisse berufen sind, haben sie den Sachverhalt von Amts wegen zu ermitteln.

(2) Sie sind an die Anträge dessen, der das Rechtsmittel eingelegt hat, nicht gebunden.

(3) Sie können die Entscheidung auch zum Nachteil dessen, der das Rechtsmittel gegen die Entscheidung eingelegt hat, ändern, soweit neue Tatsachen oder Beweismittel bekanntgeworden sind, die eine solche Änderung rechtfertigen, oder wenn diese Änderung sich auf eine abweichende rechtliche Beurteilung gründet.

Der Reichsfinanzhof ist zu einer derartigen Änderung nur dann befugt, wenn die im Satz 1 bezeichneten Voraussetzungen vorliegen und wenn es sich um eine Zollauskunft oder einen Kontingentbescheid handelt.

(Neufassung durch Ges. v. 22. 12. 29, RGBl. I S. 234).

§ 453.

Gestrichen durch Ges. v. 22. 12. 29, RGBl. I S. 234.

II. Sonstige Berichtigungen und Ergänzungen.

(Druckfehler der 2. Auflage, Änderungen von Nebenvorschriften der AO.)

S. 15*) Zeile 11: „Gegenleistungen" statt „Geldleistungen".

S. 31 Zeile 20: „9. 11. 23" statt „9. 12. 23".

S. 33 Anm. 5: S. Berichtigung durch Anm. 3 zu § 10 (oben S. 22).

S. 35 § 13 letzte Zeile: „könnten" statt „können".

S. 86 Anm. 3 Abs. 2: „74 Abs. 3" statt „73 Abs. 3".

S. 89 Anm. 3 Abs. 1: Unrichtig; s. § 45 Nr. 3 der 3. StNV., jetzt § 27 Nr. 3 AO.

S. 115 Zeile 5: „90" statt „92".

S. 128, 132: Hinsichtlich Verzugs- und Stundungszinsen s. weiterhin:

Zinsanweisung v. 14. 1. 27 (s. Ergänzungsblatt zur 2. Aufl., ferner Amtsbl. 1927 S. 18 und oben Anm. zu § 215 AO.);

Verordnung v. 21. 1. 27 (RGBl. I S. 50, s. ErgBl. z. 2. Aufl., ferner oben Anm. 1 zu § 104a AO.).

*) Die Seitenangaben beziehen sich auf die 2. Auflage.

S. 134 Anm. 4: Über Zuständigkeit der FA. s. Vdg. v. 19. 1. 27 (vgl. unten Berichtigung zu S. 358).

S. 257: Zu § 211 Abs. 3 s. Vdg. v. 21. 6. 29 (RMinBl. S. 426).

S. 349: Neue Gebührenberechnungstafel s. oben Anm. 2 zu § 289.

S. 351 Zeile 5: Jetzt 0.30 RM.

S. 358: BeitrO. weiter geändert durch: Vdg. v. 19. 1. 27 (RMinBl. S. 23), betrifft § 27 Abs. 4 BeitrO.; Erlaß des RFM. v. 5. 11. 27 (Amtsbl. S. 123), betrifft § 28 Abs. 2 BeitrO.

S. 468 Anm. 3: Gebühr jetzt 10% der Strafe nach § 52 GKG. (Ges. v. 28. 1. 27, RGBl. I S. 53); Mindestgebühr 5 RM.

Gedruckt bei A. W. Hayn's Erben, Potsdam.

FSC
www.fsc.org
MIX
Papier | Fördert
gute Waldnutzung
FSC® C083411

Kolibri 360 GmbH
Ferdinand-Jühlke-Straße 7
99095 Erfurt, Deutschland
produktsicherheit@kolibri360.de